자기경영의 길을 찾다
타쿠앙 선사의
부동지신묘록

타쿠앙 소호 원저
김 우 철 편역

Academy House
學士院

추 천 사

이탈리아의 소설가 이탈로 칼비노(Italo Calvino, 1923~1985년)는 "고전(古典)이란 읽을 때마다 처음 읽을 때와 같이 무엇인가 새로운 깨달음의 지혜를 얻게 해주는 책"이라고 말했다. 이와 같이 고전이 주는 지혜와 통찰력은 복잡하거나 화려하지 않다. 그것은 단순하지만 근본적이고 매우 강렬한 깨달음의 지혜와 통찰력을 갖게 해준다.

특히 불교 선승(禪僧)들이 남긴 깨달음의 지혜는 수백, 수천 년이 지난 오늘에도 변함 없다. 오늘날과 같은 무한경쟁을 요구하는 시대적 상황에서는 경쟁이 치열해질수록 선승(禪僧)들이 남긴 깨달음의 지혜를 통해 새로운 시각과 통찰을 얻을 수 있다면 이 한 권의 고전(古典)이 주는 지혜는 충분하다고 생각된다. 좋은 책은 좋은 스승이 된다.

대구보건대학교에 재직하고 있는 김우철 교수가 일본의 고전 명저(名著)로 알려진 타쿠앙(澤庵)선사의 『부동지신묘록(不動智神妙錄)』을 편역하였다.

김우철 교수는 대학에서 많은 저서와 논문을 발표하였으며, 「일본의 고전 및 무도의 명저(名著) 연구」 분야의 학술논문 및 번역서도 여러 편 집필했고, 타쿠앙(澤庵)선사의

『부동지신묘록(不動智神妙錄)』, 야규 무네노리(柳生宗矩)의 『병법가전서(兵法家傳書)』, 미야모토 무사시(宮本武藏)의 『오륜서(五輪書)』 등 일본의 고전 명저(名著)에 대해 많은 학술적 연구를 계속해 왔다고 했다.

이번에 번역 출판되는 타쿠앙(澤庵) 선사의 『부동지신묘록(不動智神妙錄)』은 불교경전의 내용과 선승(禪僧)들의 게송(偈頌)을 사례로 들어 무사들이 겪는 죽음에 대한 공포와 사회적인 살벌한 분위기 속에 삶을 지혜롭게 하는 실천자세를 '부동심(不動心)'으로 설법한 것이라 생각된다.

이 책은 에도 바쿠후(江戶幕府)의 검술(劍術)사범으로 당대 최고의 검술가(劍術家)이자 막역한 친구인 야규 무네노리(柳生宗矩)에게 불교적 심법(心法)인 부동지(不動智: 유혹에 흔들리지 않는 바른 지혜)를 기술하고, 나아가 검술가로서 도쿠가와 막부의 최고관리자로서 평생을 두고 지켜 나갈 삶의 방향을 제시한 명언(明言)들로 서술되어 있다.

즉 '나 자신이 되는 법', '나와 다른 사람과의 관계', 본질적·근원적인 입장에서 '자기'란 무엇인지, 무엇으로 '자기다운 삶'을 살 수 있는가, 무엇을 위해 살 것인가, 어떻게 살 것인가, 값진 인생을 살기 위한 '바람직한 자세' 등 원초적 물음에 삶의 지혜가 되는 내용을 가장 간단하고, 가장 웅변적으로 동양사상의 원천인 선(禪)에서 터득한 참 지혜를 짧은 경구, 압축된 언어의 함축미를 통해 기술한 것이다.

그러나 시대적·종교적·민족적 정서상『부동지신묘록(不動智神妙錄)』자체의 내용에 대해서는 보는 관점에 따라 비판과 논란을 불러올 수 있다고 생각되지만, 오늘을 살아가는 현대인 모두에게 많은 생각을 하게 하는 실천적 내용이라고 할 수 있다.

또한 이 책이 현대인들의 삶 속에서도 적용이 가능한 내용으로 불교철학을 화엄경(華嚴經)의 핵심사상인 일체유심조(一切唯心造: 세상사 모든 일은 마음먹기에 달려 있다)라는 한 마디로 함축해 표현하고 있으며, 일반인들에게는 자기경영서이며, 불자들에게는 수행에 있어 필독(必讀)해야 할 교양서적이라 할 수 있다.

이 책의 한 구절이라도 깊이 묵상하는 계기가 되어, 독자 여러분 모두 자신의 고유한 삶의 길을 찾는 깊은 만남이 되기를 발원해 보면서 자기다운 삶의 길을 찾는 이들에게 추천하는 바이다.

계사 추구월

불국사 주지 성타(性陀) 합장

편역자 서문

일본 무도(武道) 심법사상(心法思想)의 기본 텍스트로 자주 인용되는 『부동지신묘록(不動智神妙錄)』은 에도(江戶)시대의 대표적인 병법서로, 미야모토 무사시(宮本武藏)의 『오륜서(五輪書)』, 야규 무네노리(柳生宗矩)의 『병법가전서(兵法家傳書)』와 더불어 일본 무도의 삼대명저로 알려져 있다.

『부동지신묘록(不動智神妙錄)』이란 문서는 단무지 제조창시자이며, 일본 검도의 정신적 지주인 타쿠앙(澤庵)선사가 야규 무네노리(柳生宗矩)에게 보낸 조언의 편지 형식으로 1626년에서 1629년 사이에 저술된 것이라 한다.

이 문서의 내용은 무술(武術) 실전에서의 불교적 심법(心法)을 천수천안관음(千手千眼觀音)과 교령윤신(敎令輪身: 不動明王)의 사례(事例)를 인용하여 설한 것이다.

즉 이 부동지신묘록(不動智神妙錄)은 에도(江戶)시대 초기의 유명한 선승 타쿠앙 소호(澤庵宗彭, 1573~1645)가 에도 바쿠후(江戶幕府) 3대 장군 이에미쓰(德川家光)의 검도 스승인 야규타지마노카미 무네노리(柳生但馬守宗矩)에게 검선일여(劍禪一如)의 마음을 설법한 것이다.

타쿠앙(澤庵) 선사의 무도심법(武道心法) 관련 저서로는 『부동지신묘록(不動智神妙錄)』 이 외에도 『태아기(太阿記)』,

『영롱집(玲瓏集)』 등이 있다.

 타쿠앙(澤庵)선사는 『태아기(太阿記)』에서 불교심법을 태아(太阿)라는 명검에 비유하여, 검은 살인검(殺人劍)이 아니라 활인검(活人劍)이어야 한다고 주장한다. 활인검이 되지 못한 검술가는 익숙한 경지에 이르지 못한 사람이라는 것이다.

 또한 『부동지신묘록(不動智神妙錄)』이 '나' 자신이 되는 법을 기술한 것이라면, 『태아기(太阿記)』는 '나와 다른 사람'과의 관계를 다룬 것이며, 『영롱집(玲瓏集)』은 본질적·근원적인 입장에 서서 「'자기'란 무엇인지, 무엇 때문에 살며, 무엇으로 '자기다운 삶'을 살 수 있는가」를 탐구한 저술이라고 할 수 있다.

 '무심시도(無心是道: 마음에 걸림이 없는 상태 이것이 도이다)'라는 말처럼 타쿠앙(澤庵)선사는 생활 속에서 번뇌망념이 없는 무심(無心)의 경지에서 자신의 삶을 지혜롭게 사는 것이 실천적인 공부라고 설명하고 있다.

 삶의 번뇌 속에 살아가는 현대인들도 어느 순간 마음을 버리고 자연과 동화할 때 진정한 자신을 찾아갈 수 있다고 생각한다. 하지만 현대인들은 세상 속의 미혹에 빠져 그럴만한 여유를 찾지 못하는 경우가 많다. 그런 방법으로 무도심법(武道心法) 수련으로 '부동심(不動心)'을 배우고 무심(無心)을 배우는 여유를 찾아보는 것이 현대적 무도수행의 실천과제가 아닐까 생각해보면서 『부동지신묘록(不動智神妙錄)』의 의미해석에 접근해 보고자 노력하였다.

특히 불교 선승들이 남긴 깨달음의 지혜는 수백 년, 혹은 수천 년이 지난 오늘에도 깨달음의 진리와 통찰은 여전히 유효하다. 무한경쟁을 요구하는 시대적 상황에서 경쟁이 치열해질수록 불교 선승들의 깨달음의 지혜를 통해 새로운 시각과 통찰을 얻을 수 있을 것이라 생각된다.

우리들은 삶의 길에서 때로는 마음을 비우고, 지금 내가 가지고 있는 것을 내려놓아야 하는 고통스러운 결단을 해야 하는 순간이 있다. 특히 내가 지금 잡고 있는 것을 내려놓으면 모든 것을 잃을 것 같은 절체절명(絕體絕命)의 순간에 내려놓음의 결단을 생각하기란 범부인 우리들에게는 쉬운 일이 아니다.

중국 송(宋)나라 야보도천(冶父道川)선사의 게송(偈頌) 중에 내려놓음의 결단에 대한 다음과 같은 선시가 있다.

'득수반지미족기(得樹攀枝未足奇), 나뭇가지를 잡음은 족히 기이함이 아니다 / 현애살수장부아(懸崖撒手丈夫兒), 벼랑 끝에서 잡은 손을 놓아야 진정 장부(의 결단)이다.'

벼랑 끝 나뭇가지에 매달려 있는 것도 힘들지만 때로는 그 나뭇가지를 잡은 손(생명줄)을 놓는 것도 장부의 진정한 결단이라는 것이다.

쇠에서 생기는 녹이 어느새 자기본체의 쇠를 먹어버린다. 내 마음의 '쇠'는 무엇이고, 또 '녹'은 무엇인가? 스스로에게 선문답을 던져본다. 역시 답은 쉽사리 나오지 않는다.

혹시 모르겠다. 주어진 위치에서 일상의 삶-나의 선 자리에서 매진하다 보면 문득 삶의 의미에 대한 깨달음을 얻을 수도 있지 않을까?

 본서를 편역함에 있어 이케다 사토시(池田 諭)가 현대일본어로 주석을 단『不動智神妙錄, 德間書店, 2007)』원전을 사용하였음을 밝힌다. 또한 가급적 당시 에도시대(江戶時代) 상황의 사실전달과 이해증진의 측면에서 고어체를 직역하였기 때문에 문장이 세련되지 못한 부분도 있음을 이해하면서 심독하기 바라는 바이다.

 이 책의 번역이 고전의 지혜를 통해 자기경영과 자기계발의 길을 찾는 현대인들과 지혜설법에 관심이 있는 불교인, 무도수련자, 무도(체육)지도자들에게 정신적 지주와 길잡이 역할을 할 수 있다면 그 보다 더 큰 기쁨과 영광이 없겠다.

 나아가 일본의 무도 사상과 철학, 그리고 일본문화에 관심이 있는 사람들에게도 일본문화를 이해하는데 조금이라도 도움이 되고 참고자료로 사용될 수 있기를 바란다.

 끝으로 본서 편역의 출판에 앞서 참으로 바쁘신 중에도 내용을 읽어보시고 추천서를 내려 주신 불국사 성타(性陀) 주지스님께 두 손 모아 감사의 마음을 표합니다.

2013년 10월
김 우 철 적음

차 례

추천사 ·· 3
편역자 서문 ··· 6
서설: 타쿠앙 선사의 생애와 현대적 의미 ················ 19

제1편 부동지신묘록

1. 마음이 사로잡히는 것을 끊는다 ····················· 43
2. 사로잡힌 마음이 미혹이다 ······························· 46
3. 부동명왕(不動明王)의 가르침 ··························· 48
4. 사로잡힌 마음은 움직이지 못한다 ················ 50
5. 천수관음(千手觀音)의 부동지(不動智) ············· 52
6. 무심무념(無心無念)이 되기까지 ······················· 55
7. 무심무념의 허수아비 모습 ······························ 58
8. 이(理)를 지탱하는 기(技), 기(技)를 살리는 이(理) ··· 60
9. 머리카락 틈조차 허용치않는 마음의 상태 ········ 62

10. 멈추지 않는 마음 ·· 64
11. 부동지를 자신의 것으로 한다 ······························ 66
12. 마음을 궁구(窮究)하는 것 ····································· 67
13. 마음을 어디에 두는가 ·· 69
14. 마음을 어디에도 두지 않는다 ······························ 71
15. 어디에도 두지 않으면 어디에도 있다 ················ 73
16. 본심(本心)과 망심(妄心) ·· 75
17. 유심(有心)의 마음과 무심(無心)의 마음 ············· 77
18. 생각조차 생각하지 않는 수행 ····························· 78
19. 물에 뜬 호리병박처럼 ·· 80
20. 사물에 마음을 멈추지 않는 것 ··························· 81
21. 경(敬)의 마음은 수행의 단계 ······························ 84
22. 걸리는 바 없이 그 마음을 일으키라 ················ 100
23. 공(空)―마음을 버리는 것 ·································· 103
24. 방심(放心)을 찾으라 ·· 107
25. 마음을 모았으면 다시 놓으라 ··························· 110
26. 구불퇴전(具不退轉)의 마음가짐 ························· 111
27. 급류에 출렁거리는 공처럼 ································ 112

28. 전후(前後)의 사이를 끊어라 ················ 113
29. 짧은 생명(生命)을 소중히 여기라 ············· 114
30. 영내(領內)를 평화스럽게 다스리는 것 ········· 116
31. 정직하지 않는 자는 등용하지 말라 ············ 118
32. 착한 사람은 나라의 보물이다 ················ 120
33. 윗사람이 먼저 몸을 바르게 한다 ·············· 122

제2편 영롱집

1. 생명보다도 중요한 의(義) ···················· 127
2. 사람은 의보다도 욕망을 위해 죽는다 ·········· 129
3. 의(義)의 본질 ····························· 132
4. 의(義)를 가벼이 보는 자 ···················· 134
5. 너무나도 의(義)를 모르는 자 ················· 137
6. 사람은 욕망(慾望)의 덩어리 ·················· 140
7. 욕망에서 심신(心身)은 태어난다 ·············· 142
8. 진심(眞心)과 배려(配慮)의 마음 ·············· 147
9. 의지(意志)는 욕망에 의해 태어난다 ············ 149
10. 욕망의 힘을 빌려서 무욕의 의를 행한다 ······· 152
11. 신(神)의 도리와 주군(主君)의 도리 ··········· 154

12. 주군의 도리와 가신의 도리 ················· 157
13. 무명의 주군, 무명의 가신 ················· 159
14. 덧없는 세상은 꿈과 같다 ················· 161
15. 절도 있는 유희 ································· 163
16. 유희의 품격 ······································ 165
17. 잇펜상인의 노래 ······························ 167
18. 상(相)은 시(是)와 같다 ···················· 169
19. 일체중생(一切衆生) 모두 불성(佛性)이 있다 ······ 172
20. 본체는 쇠퇴하지 않는다 ················· 174
21. 공(功)을 행하는 것이 힘(力) ·········· 176
22. 작(作)과 인연(因緣)과 과(果) ········· 177
23. 인연화합이라는 것 ··························· 179
24. 업보(業報)라는 것 ···························· 181
25. 본말구경(本末究竟)이라는 것 ········· 183
26. 초목의 슬픔을 사람이 알지 못한다 ·········· 184
27. 이해할 수 없는 것은 없다고 말한다 ········ 186
28. 시야가 좁으면 있는 물체도 보이지 않는다 ······ 188
29. 중유(中有)라는 것 ···························· 190

30. 염력(念力)의 불가사의 ················· 192

31. 알지 못하고 의심하는 어리석음 ············ 195

32. 중유는 오관(五官)을 의식으로 감득한다 ········ 197

33. 이 몸은 무시(無始)의 일념(一念)에서 태어났다 ···· 199

제3편 태아기

1. 달자는 승부를 겨루지 않는다 ············· 205

2. 참나(眞我)의 나 ···················· 207

3. 도리(道理)에 통달한 사람이란 ············ 210

4. 최고의 지위에 도달하기 위해서는 ·········· 214

5. 태아(太阿)라는 이름의 검 ··············· 216

6. 태아라는 이검(利劍)은 누구에게나 있다 ······· 219

7. 세존염화(世尊拈華)와 가섭미소(迦葉微笑) ······ 221

8. 정법(正法)의 가르침 ·················· 224

9. 대사인연(大事因緣)을 마침내 깨달은 자 ······· 228

10. 교외별전(敎外別傳)의 법(法)이란 ·········· 230

11. 최고의 경지를 자신의 것으로 만들라 ········ 233

*추기(追記) ························· 237

타쿠앙 선사의
不動智神妙錄

澤庵宗彭像

序說: 타쿠앙 선사의 생애와 현대적 의미

* * *

최근 종교와 인문학에 관련된 서적이 많이 팔리면서 종교서적의 간행이 활발해지고 있다. 이것은 지금의 시대적·사상적 상황이 인간이란 무엇인가, 사상이란 무엇인가, 가치란 무엇인가를 근원적이고 본질적으로 추구하고 있는 것과 관련이 있다.

또한 근래 우리 사회에 일어나고 있는 과격한 행동과 반인륜적인 사건·사고 등이 가장 민감하게 표출되었으며, '인간이란 무엇인가, 사상이란 무엇인가'를 근원적으로 묻고 있다. 인문학서적과 종교서적을 다시 찾고 있는 움직임과 같은 맥락 위에 있다고 할 수 있다.

지금 종교서적 및 불교서적을 다시 찾고 읽으려는 움직임은 일본이 제2차세계대전에서 패한 직후 민주주의나 사회주의를 사상적·원리적으로 받아들이지 않고, 거의 무비판적으로 수용하여 종교서적과 불교서적을 그저 낡고 시대에 뒤쳐졌다며 뒤도 돌아보지 않고 버린 것에 대한 반성에서 시작되었다.

다시 말하면 전쟁 후의 사상적 상황은 맨 먼저 종교, 그중에서도 불교의 가장 중요한 과제인 인간과 사상의 근본적이고 본질적인 문제를 해결하는 데서부터 시작해야 함에도 불구하고, 종교·불교를 다 이해하지 못하고 서슴없이 버린 데에서 전후 민주주의와 사회주의의 관념화와 공동화가 시작되었고 볼 수 있다.

오늘날 혼란스럽고 침체된 사상적 상황은 전쟁 후의 사상적 상황이 만들어낸 것이라고 단언할 수 있다. 하지만 오늘날 종교서적과 불교서적을 읽는 풍조에도 위험은 있다. 종교서적·불교서적을 주체적이고 비판적으로 읽기보다는 절대시(絶對視)하거나 반대로 해석하는 경향이 있기 때문이다.

오늘날 사람들은 인간을 본질적으로 이해하기 때문에 항상 두드러지게 현사회·현체제에는 비판적 성향을 가진 종교·불교가 반대로 현사회·현체제에 순응하는 사상으로서 이해되고, 반대로 인간을 정체시키고 움츠러

들게 한다.

　전후 민주주의와 사회주의에 휘둘린 사람들이 같은 잘못을 종교·불교에 다시 범할 지도 모른다는 생각이 드는 것이다.

　오늘날 종교서적·불교서적에 맞서고자 하는 사상과 대결하고자 하는 사람들은 이것을 아무리 주의해도 지나친 것이 아니라는 것을 알아야 한다.

＊ ＊ ＊

　타쿠앙 소호(澤庵宗彭)는 텐쇼(天正) 원년(1573년)에 타지마(但馬·일본의 옛지명으로 현재의 효고현: 兵庫縣의 북부)에서 태어났다.

　당시 일본은 전국시대(戰國時代) 말기로 우에스기 겐신(上杉謙信: 관동지방의 무장)과 다케다 신겐(武田信玄: 관동지방의 출가무장)의 오랜 전쟁도 끝나고, 오다 노부나가(織田信長)가 일본을 통일했다고 생각했더니 (1582), 어느새 주권은 토요토미 히데요시(豊臣秀吉)로 넘어가고(1584년), 다시 도쿠가와 이에야스(德川家康)로 넘어가는(1600년) 엄청난 격동의 시대였다.

새로운 가치를 추구하고 인간의 생명이 가장 생기 있고 활발하게 움직이던 시대이기도 하였다.

타쿠앙 소호(澤庵宗彭, 1573~1645)의 70여 평생의 약력을 간략하게 부기한다.

타쿠앙(澤庵)은 10세(1583년)에 정토종(淨土宗: 죠도슈)의 창념사(唱念寺: 쇼넨지)로 출가, 14세에 임제종(臨濟宗: 린자이지) 승복사(勝福寺: 쇼후쿠지) 희선(希先)에게 계(戒)를 받고, 1594년 이시다 미츠나리(石田三成)가 세운 삼현원(三玄院: 산겐인)에서 소호(宗彭)라는 이름을 받았다. 그후 대안사(大安寺: 다이안지)로 가서 문서동인(文西洞仁: 몬사이토닌)에게서 유교와 한시를 배웠으며, 덕선사(德禪寺: 토쿠젠지)를 거쳐, 1604년 양춘사(陽春寺: 요슌지)의 일동소적(一凍紹滴: 잇토쇼테키)에게서 오도(悟道: 불도진리를 깨달음)했음을 인가(印可)받고 타쿠앙(澤庵)이라는 법호(法號)를 받았다.

드디어 1609년에 153대 대덕사(大德寺: 다이토쿠지) 주지가 되었으며, 1627년 자의승복사건(紫衣僧服事件)으로 도쿠가와 막부(德川幕府)의 조치에 항거, 1629년 테

와구니(出羽國: 오늘의 일본 야마가다현과 아키타현) 카미야마(上山)로 유배되었다가, 1632년 토쿠가와 2대 쇼군(장군) 히데타다(秀忠)의 사망으로 2년 후인 1634년에 사면되어 도쿠가와 3대 쇼군 이에미쓰(家光)에게 중용되어 에도(江戶)의 시나가와(品川)에 동해사(東海寺: 도카이지)를 열었다. 무장이며 검법가였던 호소가와 유사이(細川幽齊, 1594~1610)에게 와카(和歌)를 배웠던 만큼 시가(詩歌)·하이카이렌가(俳諧連歌)·서화에 능했으며, 특히 병법에 능통했다.

또 그는 야규 무네요시(柳生宗嚴)의 아들 야규무네노리(柳生宗矩, 1571~1646, 이에미쓰의 검술사범)에게 부와 명예를 어떻게 지킬 것인가 하는 훈계서(訓誡書)이며 검선일여(劍禪一如)를 설한 부동지신묘록(不動智神妙錄)은 너무도 유명하다. 그리고 영롱집(玲瓏集)·태아기(太阿記)·명암쌍쌍집(明暗雙雙集)·다정기(茶亭記) 등 많은 시문(詩文)·서화(書畵)를 남겼다.

* * *

막부(幕府)와 조정 사이의 힘겨루기는 이미 가마쿠라

바쿠후(鎌倉幕府) 때부터 시작되었다. 막부(幕府)는 왕실과 밀접한 천태종(天台宗: 법화경을 근본 교리로 한 종파) 승려를 싫어했다. 막부(幕府)의 무사들은 새로운 선불교(禪佛敎: 禪宗)가 현세를 중시하고 생사의 문제를 단순화시킨 교학적으로 간단명료하여 무사와 기질적으로 통했다. 선종은 무사계급의 절대적 지원으로 일본 전지역으로 확산되었고, 선종의 가르침을 통해 무사들은 지적·문화적인 열등감을 극복할 수 있었다.

타쿠앙(澤庵)은 오로지 불교만을 추구하고 부처의 가르침을 실현하기 위해 평생을 바쳤다. 정치세계를 거부하거나 관심이 없는 생활이 아닌, 어디까지나 인간으로서 가장 현실적이고 구체적인 정치를 직시하였고, 인간의 전적 구제와 인간의 전적 향상을 꾀하고, 정치세계에 부처님 가르침의 정신(精神)과 사상(思想)을 관철시키려고 하였다. 곧, 타쿠앙은 부처의 가르침을 따르고 부처의 가르침에 따라 살아간다는 것이었다.

타쿠앙(澤庵)은 도쿠가와 막부(德川幕府)가 부처의 가르침의 불교(佛敎)를 그의 지배 아래에 두려고 할 때

권력과 정면으로 맞서고, 부처의 가르침의 자립성·자주성을 지키려고 하였다. 역사에 나오는 시에사건(紫衣事件: 당시 고승에게 천황이 하사한 자주색 법의를 입도록 허락된 것을 막부의 지시로 취소한 승복사건)이다. 막부권력에 굴복한 수우덴(崇傳: 도쿠가와 막부의 외교비서관의 불교승려) 추종자들과 불교이념이 현실정치를 리드해야 한다고 생각하며 권력으로부터 독립하려고 한 타쿠앙(澤庵) 추종자들과의 항쟁으로 볼 수 있다.

당시 57세였던 타쿠앙(澤庵)은 멀리 카미야마(上山, 오늘의 야마가타현)로 쫓겨 가면서도 그 지론(持論)을 번복하지 않았다. 당시의 타쿠앙 추종자들은 막부 권력과 대립하고 조정 권력과 지나치게 깊이 밀착되어 있어 천황으로부터 자색승복을 하사받는 것에 대해서 아무런 의문도 가지지 않았다. 막부(幕府) 측은 그러한 풍습을 없애므로 조정과 승려들과의 사이에 불화가 생기도록 금지령을 내린 것이다. 어디까지나 막부와 조정 사이의 알력표출(軋轢表出)이었다.

타쿠앙(澤庵) 스스로 천황의 거듭되는 요청을 완고하

게 뿌리치고 법사(法嗣: 법통을 이어받는 후계자)를 세우지 않았던 것을 생각해 보면, 부처의 가르침을 막부권력과 조정권력의 양쪽으로부터 독립시키려는 생각이 있었던 것이 분명하다. 자색승복사건은 어디까지나 부처의 가르침을 권력으로부터 독립시키려는 타쿠앙(澤庵)의 절실한 바람에서 출발하였다고 보아야 할 것이다. 그것이 키타쿠니(北國: 현 아키다: 秋田)로의 유배-게다가 노년의 유배-를 군말 없이 달게 받은 이유이다. 부처의 가르침을 위해 살다 죽겠다는 타쿠앙의 예사롭지 않은 각오가 넘쳐흐르고 있다.

하지만 유배생활 4년째인 강에이(寬永) 9년(1632) 막부의 장군 도쿠가와 히데타다(德川秀忠, 도쿠가와 바쿠후 2대 장군)의 사망으로 대사면이 이루어지고 타쿠앙(澤庵)도 2년후 사면되었다. 세상 사람들의 타쿠앙에 대한 신뢰와 인기는 이로 인해 더욱 더 높아졌다. 타쿠앙(澤庵)을 맞이하는 에도(江戶, 지금의 토쿄) 사람들의 뜨거운 환영은 마치 개선장군을 맞이하는 것과 같았다고 하였다. 사람들의 갈채와 칭찬을 아랑곳하지 않고 타쿠앙은 아무런 일도 없었다는 듯이 사카이(堺: 오사카부에 있는 도시)의 난슈지(南宗寺)에 칩거하며 원래대로 부처의 가르침을 수행하는데 여념이 없었다.

1634년 타쿠앙(澤庵)의 친구이며 지기인 야규타지마노카미(柳生但馬守: 야규무네노리)와 호리단고노카미(堀丹後守)가 억지로 장군 도쿠가와 이에미쓰(德川家光)와 만남을 주선한 것이 강에이(寬永) 11년이었다.

이에미쓰는 부처의 가르침을 추구하고 그 실현밖에 관심을 나타내지 않는 타쿠앙(澤庵), 완전히 부처의 가르침 그 자체로 변한 것처럼 보이는 타쿠앙(澤庵)에게 깊은 경의를 가지게 되었다.

일찍이 전국의 모든 다이묘(大名: 에도시대에 봉록이 일만석 이상인 무사)의 간담을 서늘하게 하고 그들을 마음으로 굴복시킨 이에미쓰는 자기 나름의 방식으로 타쿠앙(澤庵)을 대하려고 하였다. 즉 타쿠앙(澤庵)을 에도(江戶)로 불러들이기 위해 특별히 노중(老中: 로쥬, 국무총리격)에게 명하여 에도에 타쿠앙(澤庵)의 숙소를 만들고 타쿠앙을 위해 사찰을 건립하여, 그를 모든 종파

(諸宗), 모든 사원(諸寺)을 관리하는 최고의 자리를 부여하고자 하였다.

하지만 타쿠앙(澤庵)은 그 모든 것을 거절하고 초옥에 살고자 하는 마음가짐을 바꾸지 않았다. 이에미쓰가 타쿠앙을 위해 새로 마련한 집을 무너뜨리고 어떠한 위협을 가해도 타쿠앙(澤庵)의 마음을 바꿀 수가 없었다.

결국 야규 무네노리(柳生宗矩)와 호리 단고(堀丹後)의 중재로 타쿠앙(澤庵)을 위해 준비한 관직을 거두고, 그 대신 타쿠앙(澤庵)이 에도에 있는 동안 마음 편하게 지낼 수 있는 사원을 짓기로 결정하였다. 이에미쓰는 타쿠앙(澤庵)을 위해 그 만큼이라도 할 수 있다는 것에 크게 기뻐하였다고 한다. 그것은 그가 타쿠앙(澤庵)을 얼마나 존경하였는지를 알고도 남음이 있다.

장군 이에미쓰에서 보면 타쿠앙(澤庵)을 대우하는 최고의 길은 사원을 부흥시키고 모든 종파, 모든 사원을 관리하는 자리에 앉히는 것이었으나 타쿠앙(澤庵)은 이를 거부하였다. 여기에 정치세계에 최고의 권력자로서 살아가는 이에미쓰와 부처의 가르침의 세계에서 살아가려는 타쿠앙(澤庵)과의 결정적인 차이점이 있다.

　타쿠앙(澤庵) 자신에서 보면 정치세계의 절대권력자라 하더라도 결국 부처의 가르침 속에서는 악전고투하는 한 명의 소승(이에미쓰)에 불과하였다. 그리고 불교계의 관리와 지도로서 부처의 가르침 자체가 그렇게 간단히 부흥한다고는 믿지 않았다.

　그것은 73세로 이 세상을 떠날 때까지 초지일관한 타쿠앙(澤庵)이 부처의 가르침으로 살아가는 마음가짐이었다. 이에미쓰가 만든 사원에 얽매이지 않고 그 후에도 부처의 가르침을 찾아 방랑하는 생활은 조금도 바뀌지 않았다.

＊　＊　＊

　타쿠앙(澤庵)의 일생은 한 마디로 말하면 타쿠앙(澤庵) 자신이 쓴 "지금의 세상을 따르면 도(道: 부처)를 배신하고, 도를 배신하지 않으려면 세상을 따르지 말아야 한다"로 표현할 수 있다. 앞에서 언급한 막부권력과 조정권력에 대항하여 한 발짝도 물러서지 않겠다는 것이 그의 신조(信條)였다. 그것은 부처의 가르침을 위하여 살고 부처의 가르침을 위해 싸운 타쿠앙의 일생이었다.

그의 저서 『부동지신묘록(不動智神妙錄)』도 또한 마찬가지이다. 타쿠앙이 야규 타지마노카미무네요리(柳生但馬守宗矩)에게 **검선일여(劍禪一如)**를 설법한 것이 일본 병법의 확립에 매우 큰 영향을 끼친 것으로서 이전부터 평가되어 왔다. 하지만 그 내용은 부처의 가르침을 통하여 검(劍)을 설법하고 다시 검(劍)으로 살아가는 마음을 설법하는 가운데, 「사람이 사람으로서 살아가기 위해서는 어떻게 해야 하는가, 어떻게 되어야 하는가」를 설법한 것이다.

병법가로서의 야규이며 동시에 정치가인 야규, 많은 가신을 부리는 주인으로서의 야규, 인간으로서의 야규에게 생활방식·근본마음 가짐을 설법하고 있다. 상세한 내용은 본문에 양보하고 타쿠앙(澤庵)이 가장 강조하고 반복하며 역설한 것은 자신이 완전히 자신이 되고, 자신에게 완전히 투철하기 위해서는 어떻게 해야 하는가이다. '<u>병법가로서 정치가로서 부모로서 또 많은</u>

사람들을 부리는 관리자로서 그 소임에 완전히 투철하고 그 능력을 충분히 발휘하기 위해서는 어떻게 해야 하며 어떻게 되어야 하느냐'는 것이다.

특히 구체적인 예로서 천수관음상을 비유하여 천 개의 손을 자유자재로 사용하고 저마다 충분히 기능을 완수하기 위해서는 손 하나에 마음을 빼앗기지 않고 천 개의 손 하나하나에 남김없이 마음을 전달하고 천 개의 손을 빈틈없이 지배해야 한다고 설법하는 부분은 참으로 신묘(神妙)하다. '병법가로서 많은 적과 마주할 때, 또는 사람을 부리는 관리자로서 많은 부하를 대할 때 어떻게 해야 하는가'를 말하고 있다.

천 개의 손 하나하나에 남김없이 마음을 전달하고 천 개의 손을 빈틈없이 지배해야 한다는 것은 개인으로서의 대인관계(對人關係)에서 자신이 타인으로서의 인간을 속속들이 알고 타인으로서의 인간을 자신이 이해하고 지배하는 것이다.

이 경우의 지배(支配)란 정치적 의미의 지배가 아닌 타인으로서의 인간을 완전히 통찰(洞察)하고, 자기자신이 인간사회를 품을 수 있을 때까지 발전시키는 수행(修行)이다. 그렇게 되면 타인에게 휘둘리지 않고 타인에게 현혹되지 않는다는 것이다.

타쿠앙(澤庵)이 권력자 도쿠가와 히데타다(德川秀忠) 앞에서 굴복하지 않은 것도, 또 이에미쓰(家光)의 요구를 물리친 것도 타쿠앙(澤庵) 자신이 인간과 세계를 이해하고, 자기자신이 인간자체・세계자체로 완전히 변모하였다는 자신감・자존심이 있었기 때문이었다.

야규에게 명확히 충고의 말을 하고 그를 훈계(訓戒)할 수 있었으며, 그의 충고는 검과 같이 예리(銳利)하고 매서웠다.

『부동지신묘록(不動智神妙錄)』이 분명히 야규에게 전해진 것에 비하여, 『태아기(太阿記)』는 야규에게 전해졌다느니 일도류(一刀流)의 오노타다아키(小野忠明)에게 전해졌다느니 제설이 있다. 이것도 요약하면 검의 극의(極意)를 통하여 「인간이란 무엇인가 어떻게 살아야 하는가」를 이야기한 것이다. 특히 자신과 타인과의 관계에 입각하여 자신과 타인은 어떻게 되어야 하는가를 설법하고 있다.

'타이아(太阿)'라는 천하에 둘도 없는 예리한 검(利劍)을 예로 들어 인간 모두가 이 예리한 검과 같이 되기를 바라고 연구와 노력을 거듭한다면 반드시 그렇게 된다고 단언한 것이다.

'타이아(太阿)'와 같은 예리한 이검(利劍)이 되지 못하는 것은 바라서 구함(慾求)이 없고, 더듬어 깊이 탐구(探究)하는 노력이 부족하기 때문이라는 것이 타쿠앙의 신념이다.

다시 말하면 부처의 가르침을 모든 존재(存在)에서 탐구하고 부처의 가르침을 모든 존재에서 실현하려는 자는 모두 인생의 달인(達人)이며 최상의 인생을 걸어가는 자이며, 그 사람은 그것으로 '천상천하유아독존(天上天下唯我獨尊)'이 된다고 말한다. 이것은 권력자 이에미쓰(家光)와 천황(天皇)과 호각지세로 대결하고 조금도 두려워하지 않았던 타쿠앙의 자각이었다.

타쿠앙(澤庵)은 부처의 가르침을 '타이아(太阿)'라는 예리한 검에 비유하여 "검은 살인검(殺人劍)이 아닌 활인검(活人劍)이어야 한다"고 말하는 것이다. 활인검이 되지 못하는 병법가는 아직 미숙하다고 말한다.

사람에게 인간으로서의 존엄성을 느끼지 못하고, 인간으로서 살아가는 즐거움을 주지 못하는 자는 인간으로서는 아직 미숙하다고 말한다. 이것은 병법가로서 검의 기술이 완성된(매우 뛰어난) 자라도 인간으로서 완성되지 않은 한 그것은 완전히 비정상인이며, 그러한 비정상인이 많다는 것을 타쿠앙은 탄식한 것이다.

* * *

『부동지신묘록(不動智神妙錄)』이 자신이 완전히 자신이 될 수 있는 방법을 설법하고, 『태아기(太阿記)』가 자신과 타인과의 관계를 설법하고 있다면, 『영롱집(玲瓏集)』은 본질적이고 근원적인 입장에서 "자신은 무엇인가, 자신은 무엇으로 살아가고, 무엇으로 가장 자신다운 본질로 살 것인가"를 규명하려고 한 것이다.

타쿠앙(澤庵)은 먼저 인간으로서 생명(목숨)만큼 존귀한 것은 없지만, 그 생명도 의(義)를 행하기 위해 때로는 버리지 않으면 안 되기 때문에 이 세상에서 가장 가치가 있고 존중받아야 하는 것은「의(義)를 실천하는 것」이라고 하였다. 의를 실천함으로써 인간은 가장 인간다운 고귀한 삶, 인간의 본질을 유감없이 발휘할 수 있다는 것이다.

하지만 타쿠앙(澤庵)은 세상 사람들이 경솔하게 '의(義)를 실행하는 것을 소중하다'고 하고, '의(義)를 위하여 많은 사람들이 생명을 버리기까지 한다'는 발언에 예리하게 반박한다. 의(義)를 위해 죽는다는 것은 엄청난 일로서 많은 사람들이 가볍게 생명을 버리고 있는 것에, 실제 대부분이 욕망(慾望)을 위하고 명리(名利)를 얻기 위한 것으로 의(義)를 위해 죽는 것과 욕망(慾望)을 위해 죽는 것과는 분명히 구별해야 한다고 말한다.

의(義)를 위해 죽기는커녕 의를 행하려고 고군분투하는 자가 너무나도 숫적으로 적은 것을 타쿠앙(澤庵)은 탄식한 것이다. "의(義)는 무엇인가, 인(仁)은 무엇이며, 덕(德)은 무엇인가"를 신중하게 생각하지 않고, "자기가 무엇이며, 무엇이 되지 않으면 안되는가"를 신중하게 생각하지 않기 때문이라고 본 것이다. 타쿠앙은 '의(義)

는 부처의 깨달음이며, 인간이 살아가는 도리(道理)'라고 생각한 것이다.

하지만 이 경우 인간의 욕망(慾望)이라는 것을 세상 사람들이 중요시하면서 실제는 경시하고 모멸하고 있는 것에 대하여 타쿠앙(澤庵)은 강한 의문을 가진다. 아름답고 의로운 욕망(慾望)이야말로 인간행동의 원천이고 출발점이며, 목숨과 마찬가지로 존귀한 것으로 생각하고 있다.

타쿠앙(澤庵)은 욕망을 그대로 방치하지 않고 인간의 지혜로서 욕망에게 방향을 제시해야 한다고 생각하였다. 타쿠앙은 그 지혜를 인간에게 부여하는 것이야 말로 부처의 가르침 자체라 생각했다. 하지만 타쿠앙(澤庵)은 근본적인 욕망(慾望)을 억제하고 죽이는 것이 아니라 욕망을 지혜로서 살리려고 하였다. 욕망의 발동(發動)을 가장 생기있고 힘차게 살리려고 하였다.

타쿠앙(澤庵)의 입장은 세속적인 명리의 욕망이 아니라 도(道)를 행하는 욕망으로서 바꾸려고 한 것이다. 자기를 가장 인간답게 살고자 하는 인간으로 바꾸자는 것이다. 욕망(慾望)을 죽이는 것이 아니라 욕망을 살림으로써 가장 생명력이 있는 인간으로서 이 세상에 아름답고 의로운 삶을 이루게 하는데 있었다.

그것이 타쿠앙(澤庵) 자신의 것이 되었으므로 강인한 생애, 부처의 가르침을 위해 과감하게 맞서는 생애가 되었다.

* * *

타쿠앙(澤庵)은 혼란스러운 시대에 자신을 죽이고 일그러지지 않고 자기 자신의 삶을 꿋꿋하게 자기 자신의 정체성(正體性)을 관철하며 살아왔다.

가장 정치적으로 첨예한 시대에 정치권력과 타협하지 않고 스스로 부처의 가르침을 믿고 봉행하며, 그것을 정치 위에 두려고 목숨을 버릴 각오로 살아왔다. 정말로 훌륭하다고 할 수 밖에 없다.

『부동지신묘록(不動智神妙錄)』,『영롱집(玲瓏集)』,『태아기(太阿記)』에 기술되어 있듯이 자기란 무엇인가를 알고 완전히 자기가 되어 살아온 것이다. 자기(自己)에게 최대·최고의 가치를 두고, 자기 자신의 삶(행동)을 자신의 의(義), 곧 불성(佛性)이 명하는 대로 살아온 결과이다.

오늘날은 타쿠앙(澤庵)의 시대에 비해 몇 배로 혼란스러운 시대이며, 가치상실(價値喪失)의 시대라 할 수 있다. 하지만 타쿠앙(澤庵)과 같이 자기를 성찰(省察)하여 바로 알고 완전히 자기가 되어 살아가는 것이야 말로 오늘날 가장 필요한 일이다.

특히 현대 산업사회와 현대문명 속에서 소외되어 살아갈 수밖에 없는 <u>현대인으로서 소외를 극복하는 길은 타쿠앙(澤庵)과 같이 자기 자신의 본의(本義: 본디 가진 참된 심성)에 가치를 두고 자신에게 최선을 다해 살아가는 것밖에 없다.</u> 그렇게 하기 위해서도 타쿠앙(澤庵)이 남긴 완전한 자기가 되는 방법은 오늘날 상당히 의미가 있으며 가치가 있다.

인생의 달인(達人)인 타쿠앙(澤庵)에게 배울 것은 너무 많다. 타쿠앙(澤庵)의 정신을 현대에 살리고자 하는 것은 현대산업사회와 현대문명 앞에 고독한 현대인을 살리는 것이다. 인간으로서 생명을 갖도록 희망(慾望)을 심어주는 것이다.

특히 인간의 욕망(慾望)은 정치적·경제적·사회적 유익을 위해 개발하였으나, 오늘날은 그 욕망이 인간의 지혜를 벗어나서 인간을 파괴하는 혼란스런 시대가 되었다. 그래서 사람들은 욕망을 두려워하고 있다.

하지만 타쿠앙(澤庵)이 말한 것처럼 인간의 욕망(慾望)을 인간지혜의 지배하에 두고, 더욱 더 욕망을 아름답고 의롭게 개발해간다면 아무것도 걱정할 필요가 없다. 오히려 욕망을 정당하게 이해하고 정당하게 평가하려는 생각은 아직도 부족하다. 타쿠앙(澤庵)의 사상대로 살아가는 것은 오히려 지금부터라 생각된다.

(주)
1. 난슈지(南宗寺): 도쿠가와 이에야스 후원이 있었던 사찰로 그의 가묘와 비석, 또 오다노부나가와 도요토미 히데요시의 다도 선생 센노리큐(千利休)의 공양탑이 있으며, 난슈지의 기와장에는 모두 도쿠가와 가문의 문양이 새겨져 있다.

2. 도쿠가와 이에미쓰(德川家光): 도쿠가와 막부 3대 장군으로 도쿠가와 막부의 기초를 굳건히 하고, 문화를 꽃피웠으나 반기독교 정책을 시행하여 카톨릭 신부와 신도들을 축출·처형하는 정책을 폈다.

제1편

부동지신묘록
(不動智神妙錄)

오사카 사카이의 난슈지(南宗寺)

1. 마음이 사로잡히는 것을 끊는다

무명주지번뇌(無明住地煩惱)

무명(無明)이란 밝지 않다는 뜻이며, 미혹을 말하는 것이다. 주지(住地)란 머물은 경지라는 뜻이며, 번뇌(煩惱)는 마음과 몸을 괴롭히는 망념(妄念)이다.

불법수행에 오십이위(五十二位)1) 경지라 말하는 것이

---

1) 五十二位(52位) : 수행의 완성까지의 전체 과정을 오품제자위(五品弟子位)에서 시작하여, 이하 오십이위계(五十二位階)로 나누어 수행하기를 요구하는 행위설이다. 이것은 모든 사람을 똑같이 부처님의 경계로 인도해 들이려 하는 강한 종교적 관심을 가지고 설하신 『법화경』의 설법이며, 『보살영락본업경(菩薩瓔珞本業經)』의 오십이위설 등에서 계발(啓發)되어 생각해낸 것으로서 독자적인 조직·구성을 가지고 있는 행위교설이다.

오품제자위(五品弟子位)에 이어 계속되는 52위는 십신(十信)·십주(十住)·십행(十行)·십회향(十廻向)·십지(十地)의 오십위와 등각지(等覺地)·묘각지(妙覺地) 순으로 오십이위의 단계를 말한다.

하나하나의 위계에 있어서 무명(無明)의 일부분씩을 깨뜨려서 진리의 극상(極相)을 관득하고자 하는 노력이 성실하게 이 있다. 이 오십이위의 경지 중에 일체의 사물에 마음이 머무는(빼앗기는) 것을 주지(住地)라고 말한다. 주(住)란 머문다는 것을, 지(地)는 처소(장소)를 의미하는 말이다.

어지는 것이다. 이러한 노력은 나중에 수행자로 하여금 무시(無始)의 무명(無明)의 원저(源底)를 달관(達觀)하고 무명의 상태와 이별하는 경지로 인도해간다. 이 경지가 곧 묘각지(妙覺地)인 것이다. 여기에 이르러 구경(究竟)의 해탈이 획득되고 무상의 홍지(弘智)가 열린다. 이처럼 오십이위의 행위설은 각기 그러한 실천적 과제를 짊어지고 있는 위계의 총합 위에 성립되는 교설인 것이다. 아무튼 오십이위설은 관득(觀得: 管得) 정도와 번뇌(三惑)의 파제(破除) 정도를 기축(機軸)으로 하여 수행의 진행 상황을 단계적으로 정리한 교설이다.

① 십신(十信)-퇴위(退位) : 범부의 단계로 아직 견사(見思: 번뇌, 망상)를 끊지 못한 경지
② 십주(十住), 십행(十行), 십회향(十回向)-불퇴위(不退位) : 견사진사(見思塵沙: 모래와 같이 많은 번뇌)를 끊은 경지
③ 십지(十地), 등각(等覺) : 무명(無明)을 끊은 경지
④ 묘각(妙覺) : 무명(無明)을 단진(斷盡)한 부처의 경지
・무명(無明) : 잘못된 생각이나 집착 때문에 진리를 깨닫지 못하는 마음의 상태로 이는 모든 번뇌의 근원이 된다.
・번뇌(煩惱) : 마음이나 몸을 괴롭히는 노여움이나 욕망 따위의 망령(亡靈)된 생각, 곧 망상(妄想)이다.
・부동지(不動智) : 어떤 것에도 유혹에 빠지지 않는 바른 지혜이다. 중생이 부처가 되기 위해 닦는 52가지 수행단계 중의 하나로, 『화엄경』「지품(地品)」의 여덟 번째이다.

머문다고 말하는 것은 무슨 일에 마음을 빼앗기는 것을 말한다.

당신의 병법(검술)[2]에서 말하고 있는 것은 상대편으로부터 쳐오는 다치(太刀: 도검의 총칭, 또는 허리에 차는 긴 칼)를 한 번 보고, 바로 그 자리에서 그 다치(太刀)를 막으려고 생각한다면, 상대의 다치(太刀)에 마음이 머물러 이쪽의 움직임이 둔해져 상대방에게 베임을 당하게 된다. 이것을 마음이 머문다(빼앗긴다)라고 하는 것이다.

쳐들어오는 다치(太刀)를 보아도 거기에 마음을 멈추지 않고 상대가 쳐들어오는 다치(太刀)의 동작에 맞추어 이쪽에서 쳐야겠다고 생각지도 말며, 생각(思案)과 분별(分別)을 그치고, 들어 올린 다치(太刀)가 보이거나 말거나 거기에 조금도 마음을 빼앗기지 않고, 그대로 상대편으로 붙어 들어가며 상대의 다치(太刀)를 막으면, 나를 베려고 오는 다치(太刀)를 이쪽이 빼앗아 역으로 상대를 벨 수가 있는 것이다.

---

2) 병법(兵法) : 일본에서 병법은 원래 '사람을 죽이는 법'이나, 검술·창술 등을 총괄해 사용하는 말이다. 또한 일반적으로 일본의 병법은 검술을 중심으로 발전해왔다.

2. 사로잡힌 마음이 미혹이다

 선종(禪宗)3)에는 이것을 '오히려 쟁머리(鎗頭)를 잡아 역으로 적을 찌르는 것'이라 말한다. 쟁(鎗)은 창이다. 상대가 가진 다치(太刀)를 이쪽에서 빼앗아 역으로 상대를 벤다는 뜻이다. 당신이 말하는 무도류(無刀流)4)의 무도(武道)가 바로 이것이다.

 상대가 쳐오거나 내가 쳐나가거나, 치는 사람이나 치는 다치(太刀)에나, 틈(거리)이나 박자(시간)에 마음을 조금이라도 빼앗기면 이쪽의 움직임이 둔해져 상대에게 베임을 당하게 된다.

 적(상대) 앞에서 내 몸을 의식하면 적에게 마음을 빼앗기게 되므로 내 몸에라도 마음을 두어서는 안된다.

---

3) 선종(禪宗) : 내적 관찰과 자기 성찰로 심성(心性)의 본원(본성: 本性)을 참구할 것을 주창한 불교의 한 종파이다.
4) 무도류(無刀流) : 검(劍)의 지극한 경지로 마음밖에 따로 칼이 없으며 온 우주가 모두 한 마음이다.

내 몸에 마음을 붙잡아 두는 것은 입문(入門)해서 비로소 수련(修鍊)을 시작하던 때(초심자 시절)의 일이다.

자신의 칼의 움직임을 의식하면 나의 다치(太刀)에 마음을 빼앗기고 만다. 박자(拍子)를 맞추려고 마음을 두면 그것(拍子)에 마음을 빼앗긴다. 자기 다치(太刀)에 마음을 두면 그 다치(太刀)에 마음을 빼앗긴다.

무엇인가에 마음을 빼앗기면 이쪽이 속빈 껍질(얼빠진 사람)이 되어 버린다는 것이다. 당신에게도 그런 경험이 있을 것이다. 그것을 불법(佛法)에 비유하여 말하는 것이다.

불법에서는 이렇게 머무는(홀리는) 마음을 미(迷)라 하고, 그러므로 무명주지번뇌(無明住地煩惱 : 미혹에 마음이 빼앗긴 번뇌망상의 상태)라 한다.

3. 부동명왕(不動明王)의 가르침

제불부동지(諸佛不動智)

제불부동지(諸佛不動智)라고 말하는 것의 부동(不動)이란 움직이지 않는다고 말하는 낱말이다. 제불(諸佛)은 모든 부처이다. 지(智)는 지혜이다.

움직이지 않는다고 해도 목석처럼 전혀 움직이지 않는 것은 아니다. 상대방에도 사방팔방(四方八方: 모든 방향과 모든 방면)에 마음은 자유롭게 움직이면서도 어떤 것에도 마음을 빼앗기지 않는 것이 부동지(不動智)라고 말한다.

부동명왕(不動明王)[5]은 오른 손에 검을 들고, 왼손에

---

5) 부동명왕(不動明王): 대일여래(大日如來)의 본성을 지니고 있으면서 중생교화를 위해 나타난 변화신(輪身)으로서 일체의 악마와 번뇌를 항복시키려는 무서운 얼굴을 한 신장(神將)이다. 이것을 일러 교령윤신(敎令輪身)이라 한다.
  부동명왕도 여래와 한 몸이고, 보살(菩薩)도 여래의 화신이므로 부처·보살·명왕을 가리켜 삼륜신(三輪身)이라 하며, 부

오랏줄을 쥐었으며, 이(齒)를 허옇게 드러내고, 눈을 부릅떠 불법을 방해하는 악마를 굴복시키려고 우뚝 서있는 자세가 이런 모습이다. 어느 세계(世界: 중생이 삶을 영위하는 세상)에서든 숨어 있는 이야기이다. 이같은 형상은 불법수호의 모습으로 만들어진 형상을 이 부동지(不動智)를 체현(體現)한 것으로 중생들에게 비추어지고 있다.

아무것도 모르고 한결 같이 평범한 사람(衆生)은 겁을 내어 불법과 원수 맺지 않으려 생각하며, 깨달음에 접근한 사람은 부동지(不動智)의 의미표현을 깨닫고 일체의 헤매임(미혹)을 버린다.

다시 말하면 부동지(不動智)를 밝혀, 이 몸에 부동명왕(不動明王)만큼 이 심법(心法: 不動智)을 체현(體現)하는 사람은 더 이상 악마는 존재하지 않게 되는 것을 알게 하기 위해 부동명왕이 있는 것이다.

처를 자성윤신(自性輪身)·보살을 정법윤신(正法輪身)·명왕을 교령윤신(敎令輪身)이라 한 것이다.

4. 사로잡힌 마음은 움직이지 못한다

 부동지심(不動之心)이라고 말하는 것은 사람의 일심(一心)이 움직이지 않음을 뜻한다. 또 마음이 흔들리지 않는 것을 말한다. 흔들리지 않는다는 것은 마음이 일체의 사물에 머무르지 않는 것을 뜻한다.

 부동명왕(不動明王)은 팔대명왕의 하나로 중앙을 지키며, 대일여래(大日如來)의 사자로 불교수행을 방해하는 악마를 굴복시키는 변화신(變化身: 輪身: 변화한 몸)을 말한다.

 사물을 한 번 보고도 거기에 마음을 빼앗기지 않는 것이 부동(不動)이라 말한다. 왜냐하면 사물에 마음을 빼앗기면 여러 가지 분별심(分別心)이 가슴에 있는 동안 가슴 속에서 여러 가지 마음으로 움직인다.

 마음을 빼앗기면, 빼앗긴 상태의 마음은 움직이는 것 같아도 자유자재로 움직이지 못한다.

예를 들면, 열 사람이 한 번씩 칼(太刀)질을 해도 그 하나하나의 칼을 막아 흘리어 그 자취에 마음을 남기지 않고, 그 자취를 버린다면 열 사람 모두의 움직임에 응한 것이 된다.

열 사람에 열 번 마음이 움직였다 해도 어떤 한 사람에게 마음을 빼앗기지(머물지) 않았다면 계속적으로 쳐오는 움직임에 결함의 틈(헛점)이 없게 된다.

만약 그 한 사람에게 마음이 빼앗긴다면(머물러 있다면) 그 한 사람의 다치(太刀)는 막을 수 있을지 몰라도, 둘째 사람부터 맞붙게 되면 움직임이 결여됨을 말하는 것이다.

5. 천수관음의 부동지(不動智)

천수관음(千手觀音)6)이라서 손이 천개 있음으로 활

---

6) 천수관음 : 천수천안관음(Sahasrabhuja-avalokitesvara), 천수천안관세음(千手千眼觀世音), 천비천안관세음(千臂天眼觀世音), 천광관음(天光觀音) 등 경전에 따라 여러 가지로 불리우며, 보통 천수관음(千手觀音)이라 한다. 이 관음은 인도에서 십일면관음(十一面觀音)과 불공견색관음(不空羂索觀音: 대자대비의 그물로 생사고해에 떠도는 중생을 건져 제도하는 관음) 이후에 성립되었다고 한다. 변화관음이 흔히 갖는 다면다비(多面多臂)의 모습을 발전시킨 것으로 천이라는 수는 무한의 수를 나타낸다고 보아 관음의 자비력을 최대한 강조한 것으로 해석된다.
　천수천안경(千手千眼經)에 의하면 이 보살은 과거세에서 미래세의 일체중생을 구제한다는 대비심다라니(大悲心多羅尼)를 듣고 환희하며, "일체중생을 이익되게 하고 안락하게 하기 위하여 몸에 천수천안이 생겨나게 하라"고 발원하여 천수천안의 모습이 되었다고 한다. 이러한 소원에 의하여 천수관음은 천개의 자비로운 눈으로 중생을 응시하고, 천개의 자비로운 손으로 중생을 제도한다는 것이다. 따라서 그 무한한 자비력으로 인해 특히 대비관음(大悲觀音)이라고 불렀다. 이 보살의 경전은 7세기 중엽에 한역된 천수천비관세음보살다라니신주경(千手千臂觀世音菩薩多羅尼神呪經)인데 그 뒤로 여러 관계 경전이 한역되어 천수관음신앙은 중국에서 폭발적으로 유행하였다.

(弓)을 든 한 손에 마음을 빼앗기면, 다른 999개의 손은 모두 손쓸 겨를(짬, 시간적 여유)이 없다. 한 곳에 마음을 두지 않으므로 천개의 손이 사용된다.

관음보살(觀音菩薩)이라 해도 어찌 하나의 몸에 천개의 손이 있겠는가? 부동지(不動智: 유혹에 흔들리지 않는 바른 지혜)를 얻게 되면 몸에 손이 천개라도 모두 쓸 수 있음을 사람들에게 가르치기 위해 비유로 형상화시킨 모습이다.

가령 한 그루의 나무에 마주 대하여 그 속에 붉은 잎 하나만을 보고 있으면 나머지 잎은 눈에 들어오지 않는다. 잎 하나에 눈(마음)을 빼앗기지 않고, 한 그루의 나무에 어떤 마음도 머무는 것 없이 마주쳐 본다면 수많은 잎이 남김없이 눈에 들어오고, 하나의 나뭇잎에 마음을 빼앗기면 나머지 잎은 보이지 않는다. 하나에 마음을 빼앗기지 않으면 백개 천개의 나뭇잎이 모두 보인다. 이것을 깨달은 사람은 바로 천수천안관음(千手千眼觀音)의 의미를 체현하게 된다.

그런데도 한결 같이 범부(凡夫)는 단순하게 몸 하나

에 천개 손, 천개 눈이 있다고 여겨 감사하며 믿는다. 사리를 조금 아는 사람은 몸 하나에 천개의 눈이 어떻게 있을 수 있느냐, 거짓말이라 하며 비난하고 공격한다. 그 사리(事理)를 아는 사람은 오직 감사하는 데서 그치지 않고, 공격도 안하며, 도리(道理)로 이것을 존경하여 믿음으로 불법(佛法)이 능히 일체(一切)의 사물로 근본적인 이치(理致)를 나타낸다는 것을 알게 된다.

여러 가지 도(道: 가르침)가 있어도 이것과 같다. 일본 고래의 신도(神道)7)는 특히 그렇다고 본다. 있는 그대로 보고 믿는 사람도, 무작정 공격만 하는 사람도 바람직하지는 않다. 거기(천수천안 : 千手天眼)에는 도리가 있는 것이다. 이 도(道) 저 도(道) 여러 가지 도(道)가 있지만 결국 귀결은 같다.

---

7) 일본 민족 고유의 전통적인 신앙. 민간적인 씨족신, 고장의 수호신 등을 모신 신사와, 토착적인 민간 신도를 메이지 정부가 재창출한 국가신도가 된 황실의 신사참배가 그것이다

6. 무심무념(無心無念)이 되기까지

그런데 초심자의 단계로부터 수행하여 부동지(不動智)의 경지에 도달하였다면, 그 본래로 되돌아가서 머무는 초심자의 단계로 되돌려져야 한다면 자세한 연유(緣由: 어떤 일의 까닭이나 이유)가 들어 있다.

당신의 병법(검술)으로서 말한다. 초심자일 때는 몸에 맞는 다치(太刀)는 물론, 어떻게 다치를 잡는지조차 몰라, 여기(太刀)에 마음이 머무를 여유가 없다. 상대가 쳐오면 자신도 모르게 막기에 급급해 아무 것도 생각하지 못한다.

그럴 경우에 여러 가지 것을 배우면 다치(太刀) 잡는 법, 마음 두는 곳, 이런 여러 가지 것을 배우게 되어 여러 것에 마음을 빼앗겨 상대를 칠 때면, 이럴까 저럴까 의외로 부자유스러운 것들도 날을 거듭하고 해가 바뀌도록 연습을 쌓은 후에는 몸의 자세, 다치(太刀)잡기에 마음 쓰는 일이 없어지고, 다만 최초의 아무 것도 모르고 연습하던 초심자일 때의 마음 상태로 된다.

　이것은 처음과 끝과 똑같은 마음가짐이 된 것으로, 하나에서 열까지 세고 다시 되돌아 세면, 하나와 열이 이웃이 된다고 말하는 것과 같다.

　일본 전통음악의 한 옥타브 안에 12율명(양악의 음계와 같은 뜻임) 따위에도 처음 하나의 낮은 일월(壹越)부터 점점 올라가 상무(上無)라고 말하는 최고음에 이르면 일월(壹越)의 아래와 상무(上無)의 위와는 이웃으로 된다.

「1. 일월(壹越: 양악의 '라'음계), 2. 단금(斷金), 3. 평조(平調), 4. 승절(勝絶), 5. 하무(下無), 6. 쌍조(雙調), 7. 부종(鳧鐘), 8. 황종(黃鐘), 9. 만(鸞), 10. 반섭(盤涉), 11. 신선(神仙), 12. 상무(上無)」

　제일 높은 것과 제일 낮은 것은 비슷하다고 말한다. 불법(佛法)에서도 지극한 경지에 가면 불(佛)도 법(法)도 모르는 사람처럼 눈에 띄는 장식 따위 아무 것도 없게 된다.

그 때문에 초심자의 마음을 빼앗는 단계인 무명번뇌(無明煩惱)와 뒤의 부동지(不動智)가 하나되어 얕은 지혜가 활동할 여지가 없게 되고, 무심무념(無心無念)의 경지에 이른다고 한다.

즉, 궁극(窮極)의 경지에 이르면 손발이 저절로 움직여 마음은 전혀 쓰지 않는 경지(境地)가 된다. 이것이 부동지(不動智)의 경지이다.

7. 무심무념의 허수아비 모습

가마쿠라막부(鎌倉幕府) 시기에 불국국사(佛國國師, 1240~1316)8)의 와카(和歌)에 "마음이 있건 없건 오야마다(小山田)의 장난이 아닌 허수아비라네"처럼 모든 것이 이 노래와 같다.

야마다(山田)의 허수아비로서는, 농작물을 지키려고 생각하지 않지만 인형(허수아비)을 만들어 활과 화살을 들어 쥐어 놓았다. 새・짐승들이 그것을 보고 도망을 간다. 이 인형에 일체(새를 쫓으려는) 마음은 없지만, 사슴이 겁을 내고 달아나게 되면 도움을 가져오지 않는다고 말할 수 없다.

온갖 어떤 도(道)이든 그 궁극(窮極)에 이른 사람의

---

8) 불국국사(佛國國師: 1240~1316) : 고봉현일(高峰顯日), 후일 차아천황(嵯峨天皇)의 황자, 16세에 동복사(東福寺)에 들어가 수행, 건장사(建長寺)의 탕약시종자, 그후 무학선사(無學禪師), 무준사범(無準師範), 일산국사(一山國師)에게서 참선함, 많은 와카슈(和歌集)를 남겼다.

행동을 비유한 것이다. 수족의 어디를 움직이든 마음이 머물지 않고, 마음이 어디에 있는지도 모르고, 어디에 있건 무념무심(無念無心)으로서 야마다의 허수아비처럼 되어 버리는 것이다.

오로지 도리(道理)에 어두운 사람은 처음부터 지혜(智慧)가 없기 때문에 전혀 지혜가 나올 리도 없다.

그러나 매우 높은 궁극의 지혜(知慧: 미혹을 끊고 진정한 깨달음을 얻는 일체의 능력)는 이미 깊은 곳에 이르고 있기 때문에 일체 나타나지 않는다.

아직 박식한 체하는 사람들은 지혜가 머리에서 나오는 것이라고 말하기 때문에 우스꽝스럽다. 자못 출가(出家)한 수행자의 행동에도 납득이 가지 않는 것이 있어 이상하게 생각되는 점이 있다. 부끄러운 일이다.

8. 이를 지탱하는 기, 기를 살리는 이

이의 수행(理之修行)・사의 수행(事之修行)

한 순간도 마음을 멈추지 않는 사리일치(事理一致 : 사물의 이치가 일치하는 것)와 무심(無心)에 도달하는 도정(道程)을 사리수행(事理修行: 사물의 이치에 맞게 행실과 마음을 닦음)이라고 한다.

이(理)라는 것은 위에서 언급한 것처럼 지극(至極)해서 어떤 것에도 빼앗기지 않고, 다만 무심(無心)해지는 것이다. 위에 이미 기록한 것과 같다.

그러나 사(事)의 수행을 하지 않으면 도리(道理)만 가슴 속에 있어 몸도 손도 움직이지 못한다.

사(事)의 수행이란 당신의 병법(검술)에 숙달되는 자세를 다섯 가지에 하나로, 여러 가지를 연습(修鍊)하는 것이다.

도리(道理)를 알더라도 그것이 자유롭게 작용하지 않

아서는 안된다. 몸을 다루거나 다치(太刀)쓰기가 능(能)해도 이(理)의 궁구(窮究: 깊이 파고 들어가 연구함)에 어두우면 끝내 이루지 못한다.

'이(理)의 수행과 사(事)의 수행'의 두 가지는 마차의 두 바퀴처럼 되어야 마차 본연(本然)의 기능을 행하는 것과 같다.

9. 머리카락 틈조차 허용치않는 마음의 상태

간불용발(間不容髮)

머리카락이 들어갈 틈이 없다(사이가 없다, 겨를도 없다)는 말이 있다. 당신의 병법(검술)에 비유하여 말하겠다.

틈이 없다란, 사물이 둘로 겹쳐 있는 그 사이에는 한 올의 머리카락도 들어갈 틈새가 없다는 뜻이다.

예를 들면 손을 탁 마주치면 즉시 탁하는 소리가 난다. 치는 손 사이에 머리카락이 들어갈 틈도 없이 소리가 난다. 손을 친 뒤에 소리가 생각하고 틈을 두고 나오는 것이 아니다. 치는 것과 동시에 소리가 난다.

상대의 쳐오는 다치(太刀)에 마음을 빼앗기면 틈이 생긴다. 그 틈으로 이쪽의 움직임에 허점이 생긴다. 상대가 쳐오는 다치(太刀)와 내 쪽의 움직임 사이에 머리카락이 들어갈 틈이 없을 정도라면 상대의 다치(太刀)

는 나의 다치(太刀)가 된다.

  선(禪)의 문답에서는 이 마음이 중요하다. 불법(佛法)에서는 마음이 사물(事物)에 머무는(빼앗기는) 것을 경계(警戒)하는데, 이 머무는 마음을 번뇌(煩惱: 妄念)라 한다.

  세찬 물결에 구슬이 굴러가듯 급히 흘러 조금도 멈춤이 없는 마음을 중시한다.

10. 멈추지 않는 마음

석화의 기(石火之機)

 석화(石火)의 기(機)라고 말하는 것이 있다. 이것은 앞의 마음가짐(머리카락이 들어갈 틈이 없다는 말)이다.

 돌(石)을 탁하고 치면 순간적으로 불꽃이 튀는데, 친 순간에 튀는 불꽃이 나면 틈도 겨를도 없다. 이것도 마음을 멈출 틈이 없는 것을 말한다.

 빠른 것을 말하는 것이라 생각하면 잘못이다. 마음을 사물에 빼앗기지 않는 것이 도리이다. 잠깐이라도 마음을 멈추지 말 것을 설명한 것이다. 마음이 멈추면 내 마음을 적(상대)에게 빼앗긴다. 빨리 해야지 생각하고 마음먹으면 그 생각에 이미 마음을 빼앗긴 것이 된다.

 사이고(西行: 1118~1190)법사[9]의 노래에 "세상을 비

---

9) 사이고(西行, 1118~1190) 법사 : 원래 무사출신으로 불교에 귀의하여 일본 방방곡곡을 돌아다니며 수행한 승려로 일본 와카(和歌)의 대표적 시인이다.

관한 사람이라고 하지만, 이 세상은 잠시 머무는 곳, 마음을 두어서는 안된다는 생각뿐"이라 한 것은 강구(江口)의 유녀(遊女)가 부른 노래이다.

"마음을 두어서는 안된다는 생각뿐"이란 하구를 소개하는 것은 병법(검술)의 마음가짐으로 지극히 타당하다고 하겠다. 마음을 멈추지 않음이 중요하다.

선종(禪宗)에서 "부처란 무엇인가?"란 질문에, 주먹을 쳐들었을 것이다. "불법의 극의는?"이란 질문이 끝나기도 전에 "매화 한 가지"라든지, "뜰 앞의 동백나무"라고 답한다. 답의 옳고 그름을 묻는 것이 아니라 머물지 않는 마음을 존중한 것이다.

멈추지 않는 마음은 색(色)이나 향기(香)에도 움직이지 않는다. 이 움직이지 않는 마음의 본체(本體)를 신(神)이라 받들고, 부처(불타: 佛陀)라 존숭하며, 선심(禪心)이니 극의(極意)니 말하지만 생각한 뒤에 말하면, 금언묘구(金言妙句)라 하더라도 머문 경지의 번뇌일 뿐이다.

11. 부동지를 자신의 것으로 한다

 석화(石火)의 움직임은 번쩍 빛나는 번개의 빠름이다. 예를 들면, "우에몽(右衛門)"하고 부르면, 즉시 "예"라고 대답하는 것이 부동지(不動智)이다.

 "우에몽(우위문, 무관의 직위)"하고 부르자, 무슨 용무인가 있을 만한 따위를 생각하여, 뒤에 "무슨 일입니까"하는 마음은 번뇌(煩惱)에 머문 경지이다.

 멈추어 사물에 흔들리어 미혹된 마음을 번뇌에 머문 범부(凡夫)라 한다. 또한 "우에몽"하고 부르자, 놀란 것처럼 곧바로 대답하는 것은 제불(諸佛)의 지혜이다.

 부처와 중생이란 둘이 아니다(佛與衆生不二). 신과 사람이란 둘이 아니다. 이같은 마음이야 말로 신(神)이라 하고 부처(佛陀)라 한다.

 신도(神道)·가도(歌道)·유도(儒道) 등 도(道)에는 여러 가지가 있지만 모두 이 일심(一心)을 밝히는 것이다.

12. 마음을 궁구(窮究)하는 것

 말로서 마음(心)을 강석(講釋: 강론하며 해석함)하면, 이 한 마음은 세상 사람 누구에게도 있다. 낮이나 밤, 착한 일이나 악한 일도 업(業), 즉 몸(身)과 입(口)과 마음(心)의 삼업(三業)에 따라 집(家)이나 나라(國)를 망치고, 그 사람의 업에 따라 착하게도 나쁘게도 된다. 마음도 업보(業報; 業果)에 작용하는 것이지만, 이 마음이란 어떤 것일까 깨달아 명확히 밝힌 사람이 없어 모두가 마음을 잘 모르고 있다.
 세상에는 마음(心)이란 것을 모르는 사람도 있다. 마음을 능히 밝힌 사람은 간혹 있다. 이따금 밝게 아는 것도 있지만, 역시 행(行)하기는 정말로 쉬운 일이 아니다. 이 일심(一心: 한 마음)을 잘 설명한다고 해서 마음을 분명히 알아냈다고는 말할 수 없다.
 물(水)에 관해 설명해도 입은 젖지 않으며, 아무리 불

(火)을 설명해도 입은 뜨거워지지 않는다. 실체의 물, 실체의 불, 그 자체에 맞닥뜨리지 않고는 알지 못한다. 물이나 불의 글자를 설명해도 알 수 없다. 음식에 관해 설명을 잘 해도 시장해지는 것은 없어지지 않는다. 설명하는 사람의 분수(分數: 사물을 판단하고 헤아리는 슬기)로 알 수 있는 것도 아니다.

세상에는 불도(佛道)와 유도(儒道)가 마음(心)을 설명하고 있지만, 그렇게 설명하는 것처럼 자신의 몸가짐이 일치하고 있지도 않으며, 마음을 분명하게 알지 못하고 있다. 각각 자기 몸에 있는 일심(一心)을 신중히 궁구(窮究)하여 깨닫지 않고서는 확실하지 않다.

또 학문을 배우고 있는 사람들일지라도 마음이 밝음에 이르지 못한 것은, 학문을 배우는 자가 많이 있음에도 이것은 숫자상의 문제가 아니라, 배우는 사람들의 마음가짐의 문제이다. 이 일심(一心)을 어떻게 밝히는가 하는 문제는 깊이 공부함으로써 나타나게 된다.

13. 마음을 어디에 두는가

마음의 두는 곳(心之置所)

마음을 어디에 두는가? 적(상대)의 몸 움직임(動作)에 마음을 둔다면 적의 몸 움직임에 마음을 빼앗긴다. 적의 다치(太刀)에 마음을 둔다면 그 다치(太刀)에 마음을 빼앗긴다. 적을 베는 것에 마음을 둔다면 적을 베려고 마음을 둔 거기에 마음을 빼앗기고, 나의 다치(太刀)에 마음을 둔다면 나의 다치(太刀)에 마음을 빼앗긴다.

내가 베려고 생각하는 곳에 마음을 두면 베려고 생각하는 곳에 마음을 빼앗긴다. 상대의 자세에 마음을 둔다면 상대의 자세에 마음을 빼앗긴다. 아무튼 마음을 둘 곳이 없다.

어떤 사람이 "내 마음을 여기 저기 다른 곳에 주면 마음가는 곳에 뜻을 빼앗겨 상대에게 지게 되므로 내 마음을 배꼽 아래(丹田)에 밀어넣고 다른 곳에 보내지 말고, 상대가 움직이는 것에 대응하면 된다"고 말한다.

사리에 맞다고 할 수 있는 참으로 지당한 말이다. 그렇지만 불법(佛法)의 향상된 경지에서 보면 배꼽 아래(丹田)에 넣어 다른 곳에 보내지 않는 것은 낮은 단계로 향상(向上)된 경지(境地)는 아니다. 그것은 수행하고 연습(修鍊)하는 경지이다.

경(敬: 공경)이란 글자의 정도이다. 또는 맹자의 '방심(放心)을 찾는다'고 말하는 정도이다. 더욱 높은 향상단계가 아니다. 경(敬)이란 글자의 심경(心境: 마음의 상태)이나 방심(放心)에 대해서는 별도로 기록된 것을 참고하라.

배꼽 아래(丹田)에 밀어 넣어 다른 곳으로 보내지 않으려 한다면, 보내지 말아야지 하는 것에 마음을 빼앗겨 앞으로의 작용(作用: 行動)이 뜻밖에 부자유(不自由)스럽게 된다.

14. 마음을 어디에도 두지 않는다

어떤 사람이 묻기를 "마음을 배꼽 아래(丹田)에 밀어 넣고 움직이지 않는 것도 부자유하여 소용이 없다면, 내 자신의 안 어디에 마음을 두어야 좋은가"라고 말하였다.

내가 대답하여 말하는 바, "오른 손에 마음을 두면 오른 손에 마음을 빼앗겨 움직임이 자유롭지 못하게 된다. 마음을 눈에 둔다면 눈에 빼앗겨 몸의 움직임이 결여된다. 오른 발에 마음을 둔다면 오른 발에 마음이 빼앗겨 몸의 움직임이 결여된다. 어디든지 한 곳에 마음을 두면 다른 쪽에는 마음의 움직임이 결여된다."

그 사람이 다시 묻기를 "그러면 다름 아닌 마음을 어디에 두어야 적절하겠는가?"

다시 대답하여 말하는 바, "어디에도 두지 않으면 내 몸에 가득히 두루(골고루) 미쳐 몸 전체에 퍼져있게 됨으로, 손에 들어 있을 때는 손의 작용이 필요하다. 발에 있을 때는 발의 작용이 필요하다. 눈에 있을 때는 눈의 작용이 필요하다. 그 들어 있는 곳곳에 널리 미쳐 있는 만큼 그 들어 있는 곳곳에 작용할 수 있다.

만에 하나라도 그 한 곳에 정해 마음을 두면 그 한 곳에 마음을 빼앗겨 움직임이 결여된다. 마음 둘 곳을 생각한다면 그 생각에 마음을 빼앗기게 되니, 생각도 분별도 남기지 말고, 마음을 온몸에 던져 버려 어디에도 마음을 두지 않으면, 그 마음 여기 저기에 존재해 작용하면 실패없이 이루어지는 것이다.

15. 어디에도 두지않으면 어디에도 있다

편락(偏落)과 편심(偏心)

마음을 한 곳에 두는 것을 편락(偏落)이라 한다. 편(偏)은 한쪽에 치우친 것을 말한다. 정(正)이라는 것은 모든 곳에 골고루 퍼져 나간 것이다.

정심(正心)이란 전신(全身)에 마음을 퍼지게 하여 한쪽에 치우치지 않음을 말한다.

마음이 한 곳에 치우쳐 다른 쪽이 결여되는 것을 편심(偏心)이라 한다. 이 치우친 마음을 편심(片心)이라고도 말한다.

어떤 일이든 굳어진 것을 편락(偏落: 한쪽으로 치우쳐 떨어지는 것)이라 하여 도를 닦는 데에 가장 기피하는 것이다.

어디에 둘까 하는 생각이 없다면 마음은 전신에 넓게 골고루 퍼져 있게 된다. 마음을 어디에도 머물지 말고 상대의 움직임에 반응해 그때그때 마음을 그 곳곳에 있도록 유의해야 한다.

마음이 전신에 퍼져 있다면, 손으로 끌어 묶을 때는 손에 있는 마음을 쓰면 되고, 발이 소용될 때에는 발에 있는 마음을 쓰면 된다. 한 곳에 고정해 두면, 그 둔 곳으로부터 꺼내 써야 하기 때문에, 거기에 마음을 빼앗겨 움직임이 결여된다.

묶어 놓은 고양이처럼 다른 곳에 보내지 않으려고 마음을 줄로 내 몸에 끌어 묶는다면 나의 몸에 마음을 빼앗기는 것이다. 몸 안에 버려두면 다른 곳에 보낸 것이 아니다.

오로지 한 곳에 마음을 머무르게 하지 않는 공부 이것이야 말로 수행(修行)의 전부이다. 즉 마음을 어디에도 두지 않는다는 것이 안목(眼目: 사물을 보고 분별하는 견식)이며 요점이다.

어디에도 마음을 두지 않으면 마음은 어디에도 있게 된다. 마음을 밖으로 움직일 때에도 마음을 한 방향에 두면 다른 아홉 방향은 마음이 모자라게 된다. 마음을 한 방향에 두지 않으면 열 방향에 마음이 가게 된다.

16. 본심(本心)과 망심(妄心)

본심(本心)이라 말함은 한 곳에 머물지 않고 몸 전체에 골고루 퍼진 마음이다.

망심(妄心)은 무언가를 생각하여 한 곳에 굳어 버려 있는 마음으로, 본심(本心)이 한 곳에 모여 응집되므로 망심(妄心)이라고 말하는 것이다.

본심(本心)을 잃어 버리면 여기저기의 움직임이 모자라게 되므로 잃어 버리지 않도록 하는 것이 무엇보다 중요하다.

예를 들면 본심(本心)은 물처럼 한 곳에 머물지 않는다. 망심(妄心)은 얼음 같은 것으로, 얼음으로는 손이나 머리를 감거나 씻을 수 없다. 얼음을 녹여 물로 만들어야 어디로든 흘러가서 수족(手足)도 다른 부위도 씻을 수 있다.

마음이 한 곳에서 굳어 한 가지 일에 멈추면 얼음덩어리처럼 자유롭게 쓸 수 없으니, 얼음으로는 수족을

씻을 수 없는 것과 같다.

 마음(心)을 녹여, 녹은 마음이 온 몸에 흘러 퍼지도록 움직여, 곳곳에 보내어진 마음을 생각대로 쓰는 것이다. 이것을 본심(本心)이라 말한다.

 불교의 심론(心論)에서 본심(本心)과 망심(妄心)을 물과 얼음에 비유한 것이다.

 잘못된 판단과 분별을 일으키는 마음을 망심(妄心)이라 한다. 그러면 본심(本心)은 무엇인가? 거짓도 꾸밈도 없는 본래부터 태어나기 전부터 가진 마음, 곧 얼지 않은 물과 같은 마음이다.

17. 유심(有心)의 마음과 무심(無心)의 마음

유심(有心)의 마음이라 말하는 것은 망심(妄心)과 같아, 유심(有心)이란 것은 '남아있는 마음'이라고 읽히는 낱말로 무슨 일에나 한 쪽으로 생각이 고정된 것이다.

마음에 생각하는 것이 있어 분별과 생각이 일어나기 때문에 유심(有心: 餘心)의 마음이라 한다.

무심(無心)의 마음이라고 말하는 것은 앞의 본심(本心)과 같아서 굳어 덩어리진 것 없이 분별도 생각도 무엇 하나 없을 때의 마음, 온몸에 넓게 퍼져있어 몸 전체에 골고루 미친 마음을 무심(無心)이라고 말하는 것이다.

어디에도 두지 않은 마음이다. 목석(木石)같은 것이 아니라, 머물지 않는 것을 무심(無心)이라 말하는 것이다. 마음에 생각이 머물면 유심(有心: 餘心)이 있게 되고, 멈추는 곳이 없다면 마음에 아무것도 없다.

마음에 아무것도 없는 것을 무심(無心)의 마음이라고 말하며, 또는 무심무념(無心無念)이라고도 한다.

18. 생각조차 생각하지 않는 수행

　이 무심(無心)의 마음에 충분히 익숙해지면 한 가지 일에 멈춤이 없고, 한 가지 일에 모자람이 없으며, 언제나 물이 차있듯이 이 몸에 마음이 차있어 쓰고 싶을 때 꺼내어 소원대로 쓴다.

　한 곳에 고정되어 멈춘 마음은 자유롭지 못하다. 마차의 바퀴도 고정시키지 않았기 때문에 구른다. 한 곳에 고정시키면 구를 수가 없다. 마음이 일시(一時: 잠시 동안)라도 고정하면 움직일 수가 없게 된다.

　마음 속에 무엇인가 생각에 몰두하면, 사람이 말하는 것을 들으면서도 그 내용이 뭔지 알지 못하게 된다. 무언가 생각하는 그것에 마음이 머무는 까닭이다.

　마음이 그 생각하는 일에 머물러 한 쪽에 치우쳐(偏落), 그 한쪽에 기울어지면 무엇을 들어도 들리지 않으며, 보아도 보이지 않게 된다.

　이 마음에 그 생각하는 일에 이 있는 사물을 없애면

무심(無心)이 되고, 단지 필요할 때만 움직이고 그 필요에 따라 합당(合當)해지는 것이다.

이 마음에 있는 것을 없애려고 하면, 생각하는 마음이 다시 마음 안에 있는 것이 된다. 생각하지 않으면 저절로 제거되어 무심이 된다.

항상 마음으로 이렇게 하면, 어느 때 없이 향후 저절로 그 같은 경지에 도달한다. 급하게 보내더라도 빨리 도달하는 것이 아니다.

옛 노래에도 있다. "생각하지 말자고 생각하는 것도 사물을 생각하는 것이니, 생각조차 생각 말아야지" 했던 것이다.

19. 물에 뜬 호리병박처럼

수상타호로자 날착즉전

(水上打葫蘆子 捺着卽轉)

날(捺)은 '손으로 누르는 것'을 뜻하며, 호로자(葫蘆子)는 호리병박을 말한다.

호리병박은 길쭉하고 가운데가 잘록하게 들어간 박목과에 속한 조롱박이다.

'호리병박을 날착한다'는 것은 손을 사용해서 호리병박을 누르는 것이다. 호리병박을 물에 던져놓고 손으로 누르면 픽하고 옆으로 빠져나간다.

달인의 마음은 잠시라도 사물에 머물지 않는다. 어떻게 해도 한 곳에 멈추지 않는다. 물 위의 호리병박을 누르는 것과 같다.

20. 사물에 마음을 멈추지 않는 것

응무소주이생기심(應無所住而生其心)

응무소주이생기심(應無所住而生其心)10)의 우리말 뜻

---

10) 응무소주이생기심(應無所住而生其心) : '마땅히 머무는 바 없이 그 마음을 내어라'는 뜻으로『금강경(金剛經)』에 있는 한 구절로,『육조단경』에도 인용되었다. 금강경은 반야의 원리를 가장 대표적으로 잘 보여준 반야의 경전이다. 여기서 반야(般若)는 산스크리트어 'prajñā'의 음역으로 '일체사물의 본 모습을 이해하고, 불법(佛法)의 진실된 모습을 깨달으는 지성(知性)의 작용'을 뜻한다. 이것이 달마(達磨)의 선(禪)을 이어받은 5祖 홍인(弘忍, 606~674)이래 선종(禪宗)의 지침이 되어 왔으며, 특히 6祖 혜능(慧能, 638~713)은 이 경의 한 구절인 응무소주이생기심(應無所住而生其心)으로 심지(心地)를 개명하였으며, 금강경을 전수받아 뒷날 선종 특히 남종선(南宗禪)의 경전으로 신봉되었다. 혜능(慧能)은 본래 중국 최남단인 남해신흥(南海新興)에서 소년시절에 나무장사를 하면서 어머니를 봉양하고 있을 때, 어떤 스님에게 금강경의 한 구절인 '應無所住而生其心'의 게송(偈頌)을 듣고 마음에 깨달은 바 있어 출가하여 5祖 홍인(弘忍)문하에서 행자생활을 하던 보잘것 없는 신분이었으나, 그가 비범한 법기(法器)임을 알아본 5祖 홍인(弘忍)이 사람들은 보지 못하게 하고 조실방에서 금강경을 설하시는데 "응당

은 "마땅히 머무르는 바 없이 그 마음을 내어라(일으키라)·걸리는 바 없이 마음을 내라"의 뜻이다. 온갖 일을 하려고 생각하면 그 하려는 일에 마음이 머문다. 그 때문에 거기에 마음을 머무르게 하지 말고, 하려고 하는 '마음을 일으키라'는 말이다.

하려는 마음이 일어나지 않으면 손이 움직이지 않는다. 움직이려면 거기에 머물려는 마음을 일으켜, 하려는 그 일을 하면서 거기에 머무르지 않는 것을 모든 도(道)의 명인(名人)이라고 말한다.

이 멈추려는 마음에서 집착심이 일어나고, 윤회(輪廻: 輪廻轉生)하는 것도 이것에 비롯되니, 이 머무르는 마음이 생사(生死)의 고리가 되는 것이다.

꽃이나 단풍을 보고 아름답다고 생각하면서도 그 생각에 머무르지 않는 것이 중요하다.

머무른 바 없이 그 마음을 내어라, 즉 객관세계에 끌려다니지 말고 집착없이 그 마음을 내어야 한다(應無所住而生其心)"는 글귀에 이르러서 그 말씀에 크게 깨달아 일체만법이 제 성품을 여의치 않음을 알았다. 이에 홍인(弘忍)이 혜능(慧能)의 깨달음을 아시고 삼경(三更) 한밤중에 "네가 이제 6대조니라"하고 인가하여 법을 받으니 그가 6祖 혜능(慧能)이다.

자원(慈圓: 1155~1225, 카마쿠라 시기의 천태종 승려)11)의 노래에 "사립문에 향기나는 꽃도 그렇기로 바라보니, 한스러운 세상이군" 하였다.

꽃은 무심하게 향기를 피어내는데 자신은 꽃에 마음을 빼앗겨 바라보고 있으니 자신의 이런 끌린 마음이 원망스럽다는 노래이다.

보거나 듣거나 한 곳에 마음을 머무르지 않는 것이 극의(極意)에 이르는 것이다.

---

11) 자원(慈圓, 1155~1225) : 카마쿠라(鎌倉) 전기의 천태종(天台宗) 승려, 11살에 부모를 여의고 정력사(廷曆寺)의 좌주각쾌(座主覺快)에 사사받아 득도, 와카(和歌)에 조예가 깊어 사이고(西行) 풍의 와카슈(和歌集)를 펴내었다.

21. 경(敬)의 마음은 수행의 단계

주일무적(主一無敵)의 경(敬)

경(敬)이란 글자를 주일무적(主一無適: 중국 송나라 程朱의 修養說)이라 해석하는 것도 "마음을 한 곳에 확정하고 다른 곳에 마음을 두지 말라"는 것이다.

그런 후에 칼을 뽑아 베어도 베는 쪽에 마음을 옮기지 않는 것이 중요한 것이다. 특히 주군으로부터 명령을 받았을 경우에 경(敬)이란 글자를 심안(心眼: 사물을 주의하여 잘 살피고 식별하는 능력)으로 삼아야 한다.

불법에도 경(敬)이란 글자의 마음이 있으니, '경백(敬白)의 종(鐘)'이라 하여, 종을 세 번 울리고 합장하여 신중하게 아뢰는 것이다. 먼저 부처의 이름을 부르는 이 경백(敬白)의 마음은 주일무적(主一無適: 一心專念하여 흔들리지 않는 상태로 마음을 한 곳에 집중하여 잡념을 버림)·일심불란(一心不亂: 한 것에만 마음을 써 어지러워지지 아니함)과 같은 뜻이다.

그럼에도 불법에서는 경자(敬字)의 마음을 궁극의 경지로 보지 않는다. 자기의 마음을 집중하여 어지럽게 하지 않도록 배우는 수련연습의 가르침이다.

이 수련의 연륜이 쌓이면 마음을 어디에 내놓아도 자유로운 경지에 이르는 것이다. 앞의 응무소주(應無所住: 머무르는 곳 없이)야 말로 변함없는 궁극의 경지이다.

다음에 유가(儒家)의 '경(敬)사상의 형성과 내용'12)을 간략하게 부기한다.

경(敬)사상의 형성

유가의 경전에는 어디에나 경(敬)이란 글자를 쉽게 발견할 수 있다. 그러나 그 경(敬)자는 대체로 '공경한다'는 일반적인 의미로 쓰여진 글자이지, 특별한 철학적 의미를 가진 것은 아니다. 그 경(敬)이 철학적인 의미를

---

12) 退溪先生, 卷 一, 國際退溪學會 大邱·慶北支部, 1987.
  p.179~187 재인용

가진 특별한 술어(述語)로서 쓰이게 된 것은 송대(宋代)에 와서이다. 경(敬)을 처음으로 철학적 술어로서 강조한 사람은 중국 북송(北宋) 중기의 유학자 정이천(程伊川, 1033~1107)이다. 주렴계(周濂溪: 周敦頤, 1017~1073)가 태극도설에서 정(靜)으로서 정신의 궁극적인 원리로 삼았다. 그런데 정이천은 이 정(靜)이 유교의 궁극적인 정신원리로서는 부적합하다고 하여 경(敬)으로써 정(靜)을 대체했던 것이다.

여기서 먼저 송대(宋代)에 있어서 왜 정(靜)이니 경(敬)이니 하는 정신적인 원리를 주장해야만 했던가에 대하여 잠간 언급할 필요가 있다.

송대(宋代)의 유학(儒學)은 이학(理學)으로서 유학의 철학화에 그 특색이 있다. 그리고 송대(宋代) 유학의 철학화는 불교나 도가사상의 철학적 성격에 자극되어 유가사상(儒家思想)에도 그러한 철학적 요인이 있음을 들어내고자 한 데 있었다.

그런데 당시 불교에는 선종(禪宗)이라는 특수한 한 종파가 있었다. 이 선종은 인도의 불교가 중국에 건너

와서 중국의 전통적인 사상, 즉 도가사상(道家思想)과 결합하여 형성된 중국 특유의 불교 종파이다. 이 종파의 종지(宗旨)는 복잡한 불교의 경전적인 이론을 배격하고 마음 그 자체를 밝히고자 하는 것이다. 즉 불입문자(不立文字) 직지인심(直指人心)을 목표로 삼는 종파이다. 불입문자란 "문자를 따지지 않는다"는 뜻이고, 직지인심이란 "바로 사람의 마음을 지적한다"는 뜻이다. 따지고 보면 8만대장경이라고 불리우는 그 방대한 불교경전도 결국 석가의 마음을 설명한 것에 불과한 것이라고 말할 수 있다. 그런데 사람들은 불교를 알기 위해 불교경전에 기록된 그 문구의 해독을 위해 일생을 허송하기 마련이다.

사람의 마음이란 근본적으로 모두 같은 것이다. 석가모니도 사람이고 보면 석가모니의 마음도 근원적으로 내 마음과 다름이 없다. 그렇다면 구태여 내 마음을 버려두고 남의 마음의 해설서에 얽매여야 할 필요가 어디에 있는가? 그것도 남의 마음을 직접적으로 이해하는 것이 아니라 2차적인 문자의 해독을 통하여 이해해야 하니 더욱 구차스러운 일이 아닐 수 없다. 이러한 관점에서 생겨난 것이 중국의 선종이란 특수한 교파이다.

그들은 복잡하고 알기 어려운 불교의 이론적인 교리를 제쳐두고 조용히 자신의 마음을 가라앉힘으로써 바로 부처의 마음처럼 맑고 깨끗한 마음으로 돌아가고자 하였다. 만약 그렇게만 될 수 있다면 나도 석가가 한 말과 마찬가지의 말을 할 수 있을 것이니 구태여 알기 어려운 불교경전에 매달릴 필요가 없게 되는 것이다.

이러한 종지의 선종(禪宗)이 일단 성립되자 생리적으로 복잡한 이론을 싫어하는 중국인들에게 선풍적인 인기를 얻게 되었다. 그리하여 수·당이래 중국불교가 최전성기를 맞이하면서 선종도 또한 중국인의 정신세계를 풍요롭게 하였다.

이러한 불교의 적극적인 발전에 자극을 받아 자기반성을 하게 된 유교가 철학적 이론으로 체계화를 시도한 것이 송대(宋代) 유학이다. 즉 송대(宋代) 유학의 철학화는 불교의 선사상(禪思想)에 대한 유교적 대응이라고 할 수 있다.

불교에 있어서 내면적·정신적 원리의 추구가 선(禪)이라면 이에 대응할 유교의 정신적 원리는 무엇인가? 이에 대한 첫 대안이 주렴계의 태극도에서 밝힌 정(靜)이라고 할 수 있다. 그러나 정(靜)의 사상적 풍미가 유교적이지 못하다고 생각한 것이 정이천이었다.

유교사상은 어디까지나 실천적이요, 동적이다. 그런데 그 정신적인 특징을 정(靜)에서 구한다는 것은 어쩐지 부적합한 것이다. 그렇게 따지고 보면 정(靜)은 유교적이라기 보다 오히려 불교적인 풍미를 풍기는 개념이라고 할 수 있다. 아마도 이러한 점에서 정이천은 유교의 정신적인 원리를 정(靜)에서 구하는 것에 반대했으리라 짐작된다.

그러면 유교적인 정신적 원리를 한 마디로 표현할 수 있는 말이 무엇이겠는가? 이에 대답한 것이 정이천의 경(敬)이다. 경(敬)이 유교의 정신적인 원리가 될 수 있는 근거가 무엇인가? 그 근거를 여러 면에서 들 수 있을 터이지만 그 가운데 중요한 한두 가지를 들어서 설명한다.

『주역』의 『문언전(文言傳)』에 '경(敬)으로써 속을 곧게 하고 의(義)로써 밖을 바르(방정:方正)게 한다'(敬以直內 義以方外)고 하였다. 직(直)은 바름을 이른다. 경(敬)은 속을 곧게 잡는 원리이요, 의(義)는 밖을 바르게 잡는 원리이다. 속은 정신을 말하고 밖은 행위를 뜻한다. 그러므로 경(敬)은 정신을 바로 잡는 원리로 경(敬)사상에서 찾을 수 있는 중요한 근거라고 생각된다.

또 다른 근거를 든다면 『예기』의 첫째 편인 『곡례(曲禮)』편의 첫머리에 "예는 경하지 아니함이 없다"(禮毋不敬)고 하였다. 즉 모든 예(禮)는 경(敬)이 밑바탕에 깔리기 마련이라는 뜻이다. 예(禮)는 유가사상의 외적인 표현이요, 실질적인 내용이라고 할 수 있다. 그렇기 때문에 유교를 예교(禮敎)라고도 부르는 것이다. 그러한 예(禮)의 밑바탕에 깔리는 정신이 곧 경(敬)이라는 것이다. 이러한 점으로 미루어 유교의 정신적인 원리를 경(敬)이라고 규정한 것은 합당한 일이라고 하지 않을 수 없다. 정이천이 경(敬)을 유교사상의 정신적인 원리로 규정한 후 중국 남송(南宋)의 유학자 주자(朱子: 朱熹,

1130~1200)가 이를 계승하여 더욱 철저하게 강조함으로써 경(敬)은 송대(宋代) 철학에 있어서 정신적인 기본원리로 확립되었다. 주자는 주희를 높여 부른 말이다.

경(敬)사상의 내용

앞에서 경(敬)은 송대(宋代) 철학에 있어서 정신적인 기본원리라고 하였는데, 그렇다면 경(敬)의 구체적인 내용은 무엇인가? 다시 말해서 경(敬)은 어떠한 정신적인 상태를 말하는 것인가? 이를 간단히 설명하기는 쉽지 않다. 왜냐하면 경(敬)에 대해서는 송대(宋代) 이래 많은 학자들이 제 각각 체험한 바 또는 깨달은 바에 따라서 여러 가지로 경(敬)을 설명했기 때문이다.

그런데 주자는 경(敬)을 설명함에 있어서 흔히 선유들의 경(敬)에 대한 4가지 규정을 즐겨 인용하였다. 그 4가지란 즉, 정이천이 ① '정제엄숙(整齊嚴肅)', ② '주일무적(主一無適)'이라는 규정, 역시 북송의 유학자인 사상채(謝上蔡, 1050~1103)의 ③ '상성성(常惺惺)'과 윤화정(尹和靖, 1061~1132)의 ④ '기심수렴 불용일물'(其心

收斂 不容一物)의 4가지 규정이다.

주자가 이 4가지 규정을 경(敬)에 대한 적절한 규정이라고 인정한 이후 많은 학자들이 주자를 따라 경(敬)을 설명함에 있어서 이 4가지 규정을 많이 인용하였다. 그러므로 여기서 먼저 이 4가지 규정이 뜻하는 바가 무엇인가를 음미해 보는 것이 경(敬)을 이해하는 데 있어서 지름길이 되리라 믿어진다.

첫째 정이천의 정제엄숙(整齊嚴肅)이란 무슨 뜻인가? 정제란 가지런하게 정돈한다는 뜻이고, 엄숙이란 가볍지 아니한 분위기를 말한다. 가지런하게 정돈한다는 것은 여러 가지 뜻으로 이해할 수 있으나 여기서의 뜻은 외양을 단정하게 가진다는 뜻이다. 즉 '정제엄숙'이란 외양을 단정히 하고 엄숙한 마음가짐을 가진다는 뜻이다. 그러면 어떤 사람은 이에 관해서 의문을 가질 수도 있다. 정신적인 원리인 경(敬)의 설명에 어찌해서 외양을 강조하느냐이다. 그러나 따지고 보면 내적 정신은 외적인 차림새와 깊은 관계가 있다. 우리가 새 옷을 갈아 입게 되면 마음이 밝아지고 새 옷이 더럽혀지지 않도록 행동을 조심하기 마련이다. 그와 반대로 낡은 옷을 입으면 몸가짐에 조심이 없게 된다. 그것은 바깥 차림새가 마음을 규제하기 때문이다. 그러므로 정이천은 옷매무새를 단정히 하고 표정을 엄숙하게 가짐으로써 내적인 마음이 흐트러지지 않게끔 유지하는 것을 경(敬)이라고 규정하였다.

다음으로 주일무적(主一無適)은 무슨 뜻인가? 주일(主一)은 한 가지를 주로 한다는 뜻이다. 다시 말하면 한 가지 일에 마음을 집중한다는 뜻이다. 그리고 무적(無適)의 적(適)자는 '갈 적'자로서 마음이 딴 데로 감이 없다(無)는 뜻이다. 즉 '주일무적'은 마음을 자기가 행하는 한 가지 일에 집중하여 딴 데로 흩어져 가지 않는 마음의 상태를 말함이다. 주자는 이 주일무적이란 표현이 경(敬)을 가장 잘 표현한 말이라고 생각하였다.

사상채(謝上蔡)의 상성성(常惺惺)은 무슨 뜻인가? 사상채는 정이천의 제자로서 그의 이름은 양좌(良佐)이고 상채(上蔡)는 그의 호이다. '상성성(常惺惺)'의 상(常)은 항상의 뜻이고, 성성(惺惺)은 마음이 초롱초롱하게 깨어 있는 상태를 뜻하는 형용사이다. 성(惺)자는 마음 심(心)과 별성(星)의 합자로 된 글자이다. 마음이 별처럼 초롱초롱한 상태를 말함이다. 사람의 마음은 본래 초롱초롱하게 밝은 것이다. 새벽에 잠에서 깨어났을 때나, 깊은 밤 마음이 조용하게 가라앉았을 때 우리는 마음이 별처럼 초롱초롱함을 체험할 수 있다. 그러나 머리를 많이 쓰거나 근심걱정에 사로잡히면 마음이 초롱초롱하지 못하게 된다. 이러한 상태를 마음의 본연한 모습을 잃은 상태라고 말할 수 있다.

어떻게 하면 마음이 항상 별처럼 초롱초롱할 수 있을까? 마음을 헛되게 여러 가지로 쓰지 아니하고 조용하게 가라앉혀 마음이 한 곳으로 집중될 때 가능한 것이다. 사상채는 이러한 상태를 경(敬)이라고 말할 수 있다고 한 것이다.

'기심수렴 불용일물'(其心收斂 不容一物)은 윤화정(尹和靖)의 규정이다. 윤화정도 역시 정이천의 제자이다. 그의 이름은 순(淳)이며, 자는 언명(彦明)이고, 화정은 호이다. '기심수렴'은 '그 마음을 거두어 들인다'는 뜻인데 '그 마음'이란 곧 '자기의 마음'을 말함이다. '불용일물'은 '한 물건도 용납하지 않는다'는 뜻이다. 한 물건도 용납치 않는다는 것이 또 무슨 뜻인가? 그것은 그 마음을 거두어들인다는 앞의 구절과 서로 관계된다. 사람의 마음은 자꾸만 밖으로 내달아 많은 사물을 생각하기 마련이다. 그러면 마음이 생각하는 그 외물(外物: 외계의 사물, 곧 마음을 미혹케 하는 대상)이 내 마음 속에 있기 마련이다. 그런데 밖으로 내달으려는 마음을 거두어 들여 마음이 외물과 관계하지 아니하는 담담한 상태를 유지하게 되면, 외물은 내 마음 속에 들어 올 수가 없는 것이다. 이것이 곧 '불용일물'이다.

다시 말하면 마음을 거두어 들여 잡생각이라고는 한 가지도 일어나지 않게 한다는 뜻이다. 이러한 마음의 상태를 윤화정은 경(敬)이라고 하였던 것이다.

위에서 정이천·사상채·윤화정 삼인의 경(敬)에 대한 대표적인 설명을 음미해 보았다. 이 음미만으로도 경(敬)이 대체로 어떠한 것인가는 짐작할 수 있으리라고 생각한다. 그러나 좀 더 충분한 이해를 위하여 부연

설명을 해 보자

앞에서 경(敬)사상의 성립을 설명하면서 그 근거로서 『예기(禮記)』의 첫째 편인 「곡례(曲禮)」에 "예는 경하지 아니함이 없다"(禮毋不敬)는 근거를 말했다. 그런데 예(禮)는 오늘날에 있어서는 「대인간에 있어서 바람직한 행위」 정도로 아주 좁은 개념으로 이해되고 있으나, 예(禮)의 본래의 뜻은 아주 넓은 것으로서 유학의 발생과 더불어 함께 생겨난 개념이라고 할 수 있다. 예(禮)는 본래 종교적인 의식과 관계되는 낱말이다.

예(禮)라는 한문 글자 자체가 그것을 잘 나타내고 있다. 예(禮)자의 왼편 부수인 시(示)는 신(神)을 뜻하는 글자이고, 오른쪽의 풍(豊)은 제물을 반(盤), 곧 예반(禮盤) 위에 차려 놓은 상태를 상징하는 글자이다. 즉 예(禮)는 신에게 제물을 차려놓고 의식을 올리는 것을 상형화(象形化)시킨 글자이다. 그런데 그러한 의식을 집행하는 정신이 경(敬)이라는 것이 곡례(曲禮: 禮記의 篇名을 일컬음)의 기록이다.

순박한 고대인이 자기의 생명을 마음대로 좌우하는

초월적인 신 앞에 설 때의 순수하고 집중된 정신상태 그것을 경(敬)이라고 표현했던 것이다. 이 정신상태를 송대(宋代)에 와서 철학적으로 이해하고 이를 정신의 궁극적인 원리(原理)로 정립한 것이 곧 경(敬)사상이라고 할 수 있다. 그러나 경(敬)사상의 정립은 송대(宋代)에 있어서 시대적인 요구에 따라 의식적으로 강조된 것에 지나지 않고, 유가경전에는 일관되게 경(敬)의 정신상태의 추구가 은연중에 강조되어 왔다고 할 수 있다.

『서경(書經)』에 "사람의 마음은 빗나가기 쉽고, 참을 추구하는 마음은 가냘프기 그지 없으니, 오직 정미롭고 한결 같아서, 그 올바름을 잡아야 한다"(인심유위, 도심유미, 유정유일, 윤집궐중: 人心惟危, 道心惟微, 惟精惟一, 允執厥中)는 것도 바로 이 경(敬)을 말함이다. 여기에서 윤집궐중(允執厥中: 그 올바름을 진실로 잡으라)는 구절은 『중용(中庸)』에서도 나온다.

『맹자(孟子)』에서 "학문의 길은 다른 것이 아니라 내달으는 마음을 되찾아 간직하는 것일 뿐이다"(學問之道無他 求其放心而已)고 한 것도 또한 경(敬)과 관계된다. 물론 맹자의 이 말은 성선설에 입각하여 잃어버린 성선(性善: 착한 본성)을 돌이킨다는 뜻이겠지만 마음 자체를 되찾아 간직한다는 뜻에서 경(敬)과 관계가 된다.

맹자는 「존심양성(存心養性)」을 많이 강조했다. "마음을 간직하여 본성을 기른다는 뜻이다." 마음을 간직한다는 것이 무슨 뜻인가? 자꾸만 밖으로 내달으려는 마음을 붙잡아 내 안에 간직한다는 뜻이다. 또한 맹자는 말하기를 "마음이란 잡으면 내게 있고 놓아버리면 밖으로 내달아 없어지고 만다(조즉존, 사즉망: 操則存, 舍則亡)"는 것이다. 이 마음을 붙잡아 내게 간직하고 있으면 그 마음 속에 깃들인 본성이 점차 자라나게 된다는 것이다. 바로 이것이 양성(養性)이다.

사람이 위대하다는 것이 무엇 때문인가? 「영묘한 정신」을 가졌기 때문이다. 그런데 그 영묘(靈妙: 신령스럽고 기묘함)한 정신이 나가 버린 상태의 내 몸뚱이란 단순한 육신의 덩어리일 뿐이다. 그럴 때 그 육신이 올바른 행동을 할 수 있을 것인가? 올바른 행동을 하기는

커녕 무서운 결과와 불행을 초래하기가 쉽다.

우리 말에 조심(操心)이란 말이 있다. "조심이란 마음(心)을 잡는다(操)"는 한자에서 나온 말이다. 조심하면 별일이 없다. 모든 불행은 마음을 놓아버린 방심(放心)의 상태에서 일어난다. 그렇기 때문에 마음을 되돌이켜야(求放心)할 필요가 있는 것이다. 마음을 돌이켜 내 몸에 간직하되 그 마음이 온전하고 순수하게 하여 별처럼 초롱초롱 빛날 수 있게끔 간직해야 하는 것이다. 그럴 때 비로소 사람은 영묘한 본래의 사람노릇을 할 수 있는 것이다.

마음은 육체의 주인이고, 경(敬)은 육체의 주인인 마음을 바르게 잡아주는 또 다른 주체라고 할 수 있다.

우리나라의 퇴계(退溪) 이황(李滉, 1501~1570)선생도 마음을 모으는 방법, 다시 말하면 경(敬)을 하는 방법으로 성학10도(聖學十圖)와 언행록(言行錄)에서 일관되게 강조하였다. 즉 경(敬)은 학문을 하는 근본원리로서 처음과 끝을 일관하는 원리이며, 상하·표리(上下·表裏: 아래와 위·겉과 속)를 관통하는 정신적 원리라고 하였다.

22. 걸리는 바 없이 그 마음을 일으키라

응무소주 이생기심(應無所住 而生其心)

경(敬)의 글자는 마음이 다른 곳에 가려는 것을 붙잡아 보내지 않는 것이다. 마음을 보내면 어지러워진다. 생각하고 조금도 방심하지 않고 마음을 붙잡아 두는 경지(境地)이다.

이것은 당장 마음을 어지럽게 하지 않으려는 잠깐 동안의 상태이다. 항상 이와 같이 하는 것은 부자유스럽다.

말하자면 고양이가 참새 새끼를 잡아먹었다고 해서 고양이를 줄에 바짝 죄어 묶어 두고 풀어 주지 않는 것처럼, 자기의 마음을 줄 맨 고양이처럼 묶어두면 어디로든 데리고 나갈 수 없어 부자유스러워 마음먹은 대로 움직이지 못한다.

고양이를 잘 훈련시켜 두고 줄을 풀어놓아 가고 싶은 곳에 가서 참새와 함께 있어도 잡아먹지 않도록 하는 것이 '응무소주 이생기심(應無所住 而生其心)'의 뜻이다.

내 마음을 풀어 마치 줄을 풀어준 고양이처럼 놓아두어 가고 싶은 곳에 가더라도 거기에 마음이 멈추지 않도록 마음을 수련하는 것이다.

다음은 금강반야경(金剛般若經)에 나오는 '응무소주 이생기심(應無所住 而生其心 : 응당 머무는 바 없이 마음을 내어라·객관 세계에 이끌리지 말고 마음을 쓰라)'을 해석하는데 있어서 두 가지의 경우를 간략하게 부기한다.

그 하나는 "머물러서 마음을 내지 말라"는 것이고, 다른 하나의 경우는 "머무름 없이 마음을 내라"는 것이다. 앞의 해석은 어떠한 상태 어떠한 생각에도 이끌려서(붙들려서) 마음을 쓰지 말라는 뜻이다.

예컨대 배고픈 사람을 보고도 "그 사람 배고프겠다라는 생각을 내지 말라"는 식으로 해석될 수 있고, 무엇을 하지 말라는 부정적인 뜻으로만 해석될 수 있다.

그러나 뒤의 해석은 "어떤 경우에도 그것에 집착하지 말고 마음을 행하라"는 것이다.

예컨대 배고픈 사람에게는 먹을 것을 제공하고, 불행한 사람을 보거든 내가 저 사람을 동정해야겠다는 생각 없이 무조건 도와주는 것이다. 누가 도와주지 못하게 하더라도, 내가 어떤 불이익을 당하는 일이 있더라도 도와주어야 한다는 뜻으로 해석될 수 있다.

23. 공(空) - 마음을 버리는 것

전광영리참춘풍(電光影裏斬春風)

당신의 병법(검술)에 넌지시 말하자면, 다치(太刀)를 치는 손에 마음을 두지 말라. 일체 치는 손을 잊어버리고 사람을 베고, 적에게도 마음을 두지 말라. 적도 공(空), 나도 공(空), 치는 다치(太刀)도 공(空)으로 하고, 이 또한 마음을 공(空)에 빼앗겨서는 안된다.

일본 가마쿠라(鎌倉)시기의 무학선사(無學禪師, 1226~1286)13)가 중국에 체재했을 때, 대당(大唐)의 전란 속에

---

13) 무학선사(無學禪師, 無學祖元-佛光禪師・圓滿常照師, 1226~1286) : 중국 남송시대에 임제종(臨濟宗)의 승려. 1278년 일본 북조시종(北條時宗)의 초청으로 일본으로 건너가 건장사(建長寺)에 거주. 그뒤 엔각사(圓覺寺) 제1세가 되었고, 시종(時宗)의 스승으로 큰 영향을 주었다. 전광영리참춘풍(電光影裏斬春風) 이란 게송은 무학선사(無學禪師)가 중국 절강 남부의 온주(溫州) 지방에 있는 능인사(能仁寺)에서 수행하고 있었는데 몽고군이 쳐들어와 스님을 잡아 놓고 목에 칼을 들이댔다. 보통사람들 같으면 두려움과 절망이 앞서 살려달라고 애걸을 하거나 자포자기로 한탄하는 법인데 스님은 아무렇지도 않게 가부좌

를 틀고 앉아서 아래의 게송을 읊었다는데서 유래한다.

「乾坤孤節卓無地(지팡이 꽂을 땅도 천지간에 없다마는) / 且喜人空法亦空(나와 법이 공하거늘 그 무엇 걱정하리) / 珍重大元三尺劍(진기하고 우습도다 원나라의 세치 칼이) / 電光影裏斬春風(번갯불의 그림자를 봄바람이 베려하네)」

　죽음 앞에서도 한점 미동없이 읊은 이 게송 속에는 무학선사의 드높은 기상이 서려있음을 알 수 있다. 게송 속의 '지팡이 하나 꽂을 땅도 천지간에 없다'는 것은 스님의 마음 살림살이를 가리킨다. 아무런 집착도 욕심도 없는 일체를 마음에 두지 않는 그것이다. 이처럼 '나와 법(法)이 공(空)하거늘 그 무엇 걱정할까'라는 것은 스님의 부동하고 여여(如如: 변함이 없음)한 깨침의 경지를 가리킨다. 무학선사의 마음 속엔 나도 없고 남도 없다. 왜냐하면 나다 남이다 하는 것은 모두 분별망상이 만들어낸 거짓 현상으로 보기 때문이다. 중생들 마음에는 '나'가 있고 또 그 '나'에 의해서 비추어지는 '남과 세상'이 있다고 여긴다. 자신의 마음과 육신은 물론 이에 의해서 포착되어지는 산하대지와 일월성신, 그리고 모든 삶의 현상들을 실제로 여긴다는 말이다. 이것을 불교에서는 아집(我執)과 법집(法執)이라고 하는데 이는 중생들이 태어날 때부터 지니고 온 어리석은 판단에서 기인된 것이다.

　공(空)이란 '실제 하지 않음(非有)' '존재하는 것 같지만 거짓 현상(假有)'이라는 뜻으로 자아가 공한 것을 아공(我空 혹은 人空), 남과 대상이 공한 것을 법공(法空)이라고 하며, 이 둘을 합쳐 이공(二空)이라고 한다. 자신의 목숨을 번갯불 그림자에 비유하여 이공(二空)의 도리를 밝히고 내려치는 칼날을 봄바람에 비유하여 법공의 도리를 밝힌 무학선사의 게송은 불법의 궁극서 원나라(중국이 몽골의 지배를 받은 시기) 군대에 붙잡혀 목에 칼을 들이대고 내려치려고 하는 순간 "전광영리참춘풍(電光影裏斬春風: 번갯불의 그림자를 봄바람이 베려하네)"라고 게(偈: 伽陀, 범어의 가타)를 읊으니 원나라 군사가 칼을 버리고 도망갔다고 한다.

乾坤孤筇卓無地(건곤고공탁무지)
지팡이 꽂을 땅도 천지간에 없다마는
且喜人空法亦空(차희인공법역공)
나와 법이 공하거늘 그 무엇 걱정하리
珍重大元三尺劍(진중대원삼척검)
진기하고 우습도다 원나라의 세치 칼이
電光影裏斬春風(전광영리참춘풍)
번갯불의 그림자를 봄바람이 베려하네

위의 게송(偈頌: 佛德을 찬미하는 네 시구: 불교 경전의 시를 게송이라 한다)에 표현된 무학선사의 마음은,

이 어디에 있는가를 밝혀주는 심법의 경지라 할 수 있다.

다치(太刀)를 번쩍 들어 올린 것은 번개와 같이 번쩍하고 빛을 내는 순간 어떤 마음도 생각도 없다. 치는 칼에 마음이 없고, 베는 사람이나 베임 당하는 나도 마음이 없다.

베는 사람도 공(空), 다치(太刀)도 공(空), 당하는 나도 공(空)이니, 베는 사람도 사람이 아니고, 치는 다치(太刀)도 다치(太刀)가 아니며, 당하는 나도 번개가 번쩍이는 순간에 허공에 부는 봄바람을 베는 것처럼, 전연 마음을 두지 않는 그런 마음이다. 바람을 베려는 것은 다치(太刀)를 의식하지 않은 것이다.

이와 같이 마음을 잊어 버리고 많은 일을 행하는 사람이 상수(上手)의 경지이다. 춤을 추려면 손에는 부채를 들고 스텝을 밟는다. 그 손과 발을 잘 움직여 춤을 잘 추어야지 하고 생각하여 마음이 멈추면 상수라고 할 수 없다. 아직 손과 발에 마음이 머물러서는 그 몸짓이 좋을 리(理)가 없다. 죄다 마음을 버리지 않고서는 그 춤사위는 모두 좋을 리(理)가 없다.

24. 방심(放心)을 찾으라

구방심(求放心)과 요방심(要放心)

'구방심(求放心)14)'이란 말은 맹자(孟子, BC 372~289)가 말씀하신 것이다.

"배움의 도는 놓아버린(흐트러진) 마음을 찾아서 내 몸에 되돌리려고 하는 마음이다.(학문지도무타 구기방심이이의: 學問之道無他 求其放心而已矣)"15)
— 학문의 길은 잃어버린 본심을 찾는 것이다 —

예를 들면, "사람들이 자기가 기르는 개나 닭이 없어지면, 찾아야 할 것을 알지만, 자기 마음이 본령을 잃어버리면 구할 것을 알지 못하니 슬프도다(인유계견방 즉

---

14) 구방심(求放心) : '잃어 버린 마음을 찾는다'는 의미. 세상 사람들은 자기 집에 기르던 개나 닭이 나가서 돌아오지 않으면 찾아오려고 한다는 맹자의 말씀에서 유래하였다.
15) 맹자 고자(告子) 장구(상) 11장

지구지 유방심이부지구: 人有鷄犬放 則知求之 有放心而
不知求)".

즉 "개나 고양이, 닭 등이 다른 곳에 갔다가 다시 제 집으로 찾아오는 것처럼, 마음이 몸의 주인인 것을 나쁜 길로 갔는데도 어찌 찾아가 되돌아오게 하지 않느냐는 것이다." 정말로 당연한 도리이다.
— 가축을 잃어버리면 찾을 줄 알면서 흐트러진 마음은 찾지 않는다 — 고 한탄한 것이다.

그런데 소강절(邵康節, 1011~1077, 北宋의 철학자)16)이란 사람은 '요방심(要放心)'17)이라 했다. 전혀 반대되는 말이다. 이같이 말한 의미는 마음을 붙잡아만 두는 것은 피곤하고, 붙잡아 맨 고양이처럼 움직이지 못하니, 사물에 마음이 머물지도 않고 물들지도 않도록 능숙하게 사용하도록 내버려 두고 어디를 가더라도 놓아두라

---

16) 소강절(邵康節, AD 1011~1077) : 北宋의 철학자인 소옹(邵雄), 시호가 강절임, 주자(朱子)에 많은 영향을 끼쳤다.
17) 요방심(要放心) : '마음을 모았다가 다시 놓아 버린다'는 뜻.

는 뜻이다.

사물에 마음이 물들어 멈추는 것이니, "물들게도 멈추게도 하지 말라, 내 몸에 되돌려라"하는 것은 초심자의 수련단계이다.

연꽃은 진흙에 물드는 것 같아도 여전하고, 진흙 속에 있어도 편안하다. 잘 다듬어진 수정구슬은 진흙 속에 있어도 진흙에 더럽혀지지 않으니 마음도 이렇게 되어, 가고 싶은 곳으로 보낸다.

마음을 붙잡아 매는 것은 자유롭지 못하다. 마음을 붙잡아 매는 것은 초심자(初心者)나 할 일이다. 일생을 이같이 한다면 윗 단계(上段)로 올라가지 못하고 아래 단계(下段)에서 끝난다.

25. 마음을 모았으면 다시 놓으라

수련할 때는 맹자가 말한 '구방심(求放心)'의 마음가짐이 좋다. 지극한 경지에서는 소강절의 '요방심(要放心)'이라고 한다.

중봉화상(中峯和尙, 1263~1323)[18]의 말에도 '구방심(求放心)'이 있다. 이 말의 의미는 다름 아닌 소강절의 '마음을 놓는 것이 중요하다'고 말한 것과 한 가지로, 마음을 모았으면 한 곳에 붙들어 두지 말라는 뜻이다.

---

18) 중봉화상(中峯和尙: 中峯明本, 知覺禪師, 1263~1323) : 元나라의 임제종(臨濟宗)의 승려, 묵적(墨跡)으로 유명하다. 고선인지(古先印之)가 원(元)에 갔다가 그의 문하(門下)가 되었다.

※ 구방심(求放心)은 맹자 고자(告子) 장구(상)편에 '학문의 도(道)는 다른 게 아니라 바깥 경계로 치주(馳走: 달음박질해감)하는 마음을 거둬들이는데 있을 뿐이다. 사람들이 개나 닭이 밖에 나가면 찾아올 줄 알지만 자기 마음이 밖으로 흩어지면 구해 들어올 줄 모르니 슬프다'고 하였다. 이처럼 구방심(求放心)하는 방법론이 기술되어 있지 않았는데 이는 맹자가 몰라서 말씀을 안 한 것이 아니고 당시에 어떻게 구방심하느냐고 질문한 사람이 없었으니까 방법론을 말하지 않은 것이다.

26. 구불퇴전(具不退轉)의 마음가짐

구불퇴전(具不退轉)

이말도 원(元)나라 중봉화상(中峯和尙)이 한 말이다.

항시 대비해서 물러서지 말고 변함없는 마음을 가지라는 뜻이다.

'구(具)'는 '갖춘다(備)'는 뜻과 '가진다(持)'는 뜻이다. 둘 다 같은 뜻이다.

'불퇴전(不退轉)'은 적과의 싸움에서 '물러서지 않는다'는 뜻이며, 수양단계(修養段階)에 도달했다면 흔들리지 않는 마음을 가지라(持)는 뜻이다.

인간이 어떤 일을 행함에 있어 꾸준히 성실하게 해나가는 것이 보통이지만, 때로는 나태해지기 쉽다. 귀찮고 피로하여 평상시와 같지 않을 때라도 물러서지 않는 마음을 가지라는 것이다.

27. 급류에 출렁거리는 공처럼

급수상타구자 염념부정류

(急水上打毬子 念念不停留)

'급수상타구자(急水上打毬子)'는 급히 흐르는 물에서 공을 치는(던지는) 것을 이른다.

'급수(急水)'는 급히 흐르는 물이다. 그 위에 손으로 치는 구자(毬子: 공)를 치는(던지는) 것이다.

'염념부정류(念念不停留)'는 생각과 생각이 머물지 않음을 이르는 말이다.

"급류 위에 던져진 공은 물결을 타고 출렁출렁 흔들리며 한 순간도 머물지 않고 흘러간다"는 뜻으로 마음이 머물지 않음을 이른 것이다.

28. 전후(前後)의 사이를 끊어라

전후제단(前後際斷)

앞의 마음을 버리지 못하고, 또 지금의 마음을 뒤에 남기는 것(흔적)은 좋지 않다.

앞에 생각한 마음과 지금 생각한 마음과의 사이를 끊으라고 말하는 것이다.

'제(際)'는 '사물의 중간'이라는 뜻이기도 하고, '때(時期)의 사이'라는 뜻이기도 하다. 제단(際斷)은 사이를 끊는 것이다.

이렇게 "전후(前後)의 사이를 끊어 버리라(前後際斷)"고 말한 것이다. 그래서 마음을 어디에도 머물지 말라는 것이다.

29. 짧은 생명을 소중히 여기라

수초상 화주운(水焦上 火酒雲)

수초상(水焦上)은 물이 데워져 수증기가 되어 위로 오르는 것이고, 화주운(火酒雲)은 술(독주)에 불을 붙이면 불꽃이 구름처럼 피어오름을 뜻한다.

이세모노가타리(伊勢物語) 제11단에 "무사시의 벌판(武藏野)을 오늘만은 태우지 말아요, 숲 속에 마누라도 숨어 있고 나도 숨어 있어요."[19)

이 노래의 마음을, 누군가가 "태양이 떠오르면 시들어 버리는 나팔꽃"이라고 하였다.

---

19) 이세모노가타리(伊勢物語) : 헤이안시대의 주인공 아리와나노 나리히라(在原業平, 남자)의 일대기를 그린 125단의 짧은 단편 가운데 제11단이다. 10세기 경에 쓰여진 작자미상의 작품이며, 산문이야기 뒤에 와카(和歌)가 쓰여진 짧고 간결한 이야기 노래이다.

여기에서 무사시노(武藏野)는 옛날 토쿄의 전쟁터였던 어느 들판을 이른다.

이 노래는 여름의 태양이 떠오르고, 한낮의 흰 구름이 뭉개 뭉개 피어오르는 때를 아침에 피었다가 시들어 버리는 나팔꽃에 비유하여, 덧없이 짧은 인생을 소중히 살고 싶다는 마음을 표현한 것이다.

30. 영내를 평화스럽게 다스리는 것

영내평화(領內平和)

　내심(內心)으로 생각하고 있었던 것을 간(諫)하여 올리는 바입니다만 제 어리석은 생각이지만 때마침 다행스럽게 알고 본 바를 대강 써 올립니다.

　"당신은 병법(검술)에서 고금무쌍(古今無雙: 예나 지금이나 실력 따위가 비견될 짝이 없을 만큼 뛰어남)의 달인(達人)이므로, 지금 관위(官位) 봉록 등에서 세상의 평판도 아주 좋습니다. 이렇게 두텁고 큰 은혜를 잠잘 때나 깨어 있을 때 잊어서는 안되며, 아침저녁으로 은혜에 보답하고 충성을 다하는 것만을 생각할 것이 마땅합니다.

　충성을 다한다는 것은 먼저 자기의 마음을 바르게 하여 몸을 닦아 털끝만큼도 주군에게 두 마음을 갖지 않는 것이며, 사람에게 원한을 품거나 비난받지 않으며, 매일 매일의 출사(出仕: 출근)에 태만하지 않으며, 집에서는 부모에게 효도를 다하고, 부부간에도 조금의 어그러짐 없어야 합니다. 예의 바르고, 첩을 두지 않습니다. 색(色)의 길을 끊습니다. 자식에게는 부모로서의 위엄으로 도리를 다합니다. 아랫사람을 쓰는데 사사로운 정을 두지 않습니다. 착한 사람을 가까이에 둡니다. 자신의 모자람을 경계합니다. 나라의 정치를 바르게 널리 펴는 것입니다. 착하지 않은 사람을 멀리 할 것 같으면 착한 사람이 날로 날로 나아올 것이며, 착하지 않은 사람도 저절로 윗사람의 착함에 감화되어 악을 버리고 선(善)으로 돌아옵니다.

이같이 군신 상하가 선인(善人)이 되어 사사로운 욕심이 적어지고, 사치가 없어지는 때 나라는 부유해지고, 백성도 풍요로워 사회가 안정되고, 자식은 어버이와 친하게 지내며, 아랫사람들이 손발처럼 위를 도울 것 같으면 나라는 저절로 평화로워질 것입니다. 이것이 충(忠)의 시작입니다."

31. 정직하지 않는 자는 등용하지 말라

어시어용(御時御用)

"이 쇳덩이 같은 두 마음 없는(충성스런) 수하(手下)들을 여러 모로 '때와 용도에 맞게 쓴다면(御時御用)' 수만인을 써도 뜻대로 쓸 수 있을 것입니다.

앞에서도 말씀 드렸던 바 천수관음의 일심(一心)이 바르면 천 개의 손을 전부 쓸 수 있는 것처럼, 당신의 병술(생각)이 바르다면 일심(一心)의 움직임이 자유자재로워 수천의 수하도 한 칼(말 한 마디)에 복종시킬 수가 있습니다. 이것이야 말로 큰 충성이 아니겠습니까?

그 마음이 바른 경우는 밖에서만 인품을 살펴 알 수 있는 것이 아닙니다. 굳게 먹은 한 생각이 일어나는 곳에 선(善)과 악(惡)이 둘로 갈라집니다. 그 선악(善惡) 둘의 근본을 고려하여 선을 행하고, 악을 행하지 않으면 마음은 저절로 바르게 됩니다.

악(惡)인 것을 알면서 멈추지 못하는 것은 자신이 악

(惡)을 좋아하는데 작용이 있기 때문입니다. 혹은 여색(女色)을 밝히고, 사치(奢侈)를 지나치게 제멋대로 하는 것도 과연 마음에 좋아하는 작용이 있기 때문입니다.

착한 사람이 있어도 자기의 기분에 맞지 않으면 좋은 일도 배려하지 않습니다. 무지(無知)하더라도 일단 좋아지면 등용하고, 선인(善人)이 있어도 쓰지 않는다면 어용(御用: 사람을 등용하는 것)하지 않은 것입니다.

그러므로 수천명이 있어도 저절로 주인에게 도움이 되는 자는 한 사람도 없게 됩니다. 그저 한 번 마음에 든 무지(無智)한 젊은 패의 악인(惡人)은 근본에서 마음이 삐뚤어진 사람이기 때문에, 일에 임해서 목숨을 버릴 각오로 일을 하겠다고 생각하는 것이 애초에 없습니다.

마음이 바르지 못한 사람이 주인(主人)을 도왔다는 것은 예전부터 들어본 적이 없습니다.

32. 착한 사람은 나라의 보물이다

선인국보(善人國寶)

당신이 제자를 발탁하여 이같은 일이 있었다고 하니 대단히 불쾌하였겠습니다.

이것은 모두 일편의 취미를 즐기는 것에서 나쁜 버릇에 끌리어 악(惡)으로 떨어짐을 알지 못한 것입니다. 사람이 알지 못한다고 생각하겠지만, 어렴풋함에서 뚜렷하게 되는 것을 내가 마음으로 알면 천지의 귀신은 물론 모든 백성이 이것을 느껴 압니다.

이런 식으로 나라를 지킨다면, 정말로 위험한 일이라 아니 할 수 없습니다. 그렇게 되면 커다란 불충(不忠)이라 하겠습니다.

비록 나 한 사람은 아무리 불같이 주인에게 충성을 다한다고 생각해도 일가(一家)가 화합하지 못하고, 야규 다니이치(柳生谷一)의 고향 사람 모두가 배반한다면, 무슨 일이라도 상위(相違: 서로 틀리고 어긋남)해질 것입니다.

모든 사람의 착함·악함을 알고 생각하면, 그가 사랑하고 쓰는 가신, 또는 친하게 사귀는 친구들로서 알 수 있습니다.

주군(主君)이 선하면 그 가신들도 모두 선합니다. 주군이 바르지 않으면 가신도 친구도 바르지 않습니다. 그러면 여러 사람이 모두 무시하고, 이웃 나라들도 깔볼 것입니다.

선(善)할 경우에는 모든 사람이 친하게 지낼 것입니다. 나라로서는 선인(善人)으로 말미암아 보물이라고 말합니다. 더할 나위 없이 체득(體得)될 것입니다.

33. 윗사람이 먼저 몸을 바르게 한다

충신제일(忠臣第一)

"사람을 등용하는 것에 관해 사사로운 불의(不義)를 없애고, 소인(小人)을 멀리하고, 현인(賢人)을 좋이 여겨 등용을 급하게 한다면, 점점 나라의 정치가 바르게 될 것이므로 충신이 제일임에 틀림없을 것입니다.

그 중에도 당신 아들의 행적(行跡·품행)에 관한 것으로, 부모의 몸가짐이 바르지 않은 데 자식의 그름(잘못)을 나무라는 것은 거꾸로입니다. 먼저 당신의 몸가짐을 바르게 하고, 그 다음에 가르치면 저절로 소행(素行)이 바르게 되고, 당신의 동생인 내선전(內膳殿: 천황의 수라를 맡았던 주방의 관원)도 형의 행동을 보고 배워 바르게 되므로 부자(父子)·형제(兄弟)가 모두 선인으로 됩니다. 축복할만한 일입니다.

취할 것이냐 버릴 것이냐의 기준은 의(義)라고 합니다. 지금 이 시점에서 주군의 총애를 받는 신하의 한 사람으로서 여러 다이묘(大名: 에도시대에 봉록이 일만석 이상인 무사)들로부터 뇌물을 많이 받아, 욕심으로 정의(正義)를 잊어 버리게 되는 일이 있어서는 품행이 옳지 않습니다.

당신은 난무(亂舞 : 노연기 사이에서 추는 춤)를 좋아해, 자신의 노(能・能樂 : 일본의 대표적인 가면 음악극)가 멋지다 여기고, 여러 다이묘(大名)들에게 억지로 노(能)를 권유하려는 것은 전적으로 병(病)이라고 하겠습니다.

천황의 노래를 사루가쿠(猿樂)[20]처럼 부르고, 또 겉치레 인사하는 다이묘들을 주군 앞에 특히 주선(周旋 : 일을 성사시키는 것)한다니 이같은 일은 거듭 반성하지 않으면 안될 것입니다.

노래에도 '마음이야 말로 마음을 어지럽히는 마음은 없다네, 마음에 마음, 방심해서는 안되지'한 것입니다."

---

20) 사루가쿠(猿樂) : 일본 카마쿠라(鎌倉)시대에 행해진 예능으로 익살스런 동작과 곡예를 주로 하는 가무곡이다.

제2편

영롱집(玲瓏集)

쿄토의 다이토쿠지(大德寺)

1. 생명보다도 중요한 의(義)

무엇보다도 사람의 생명(生命, 목숨)만큼 소중한 것은 없다. 신분이 아무리 높은 자도 천한 자도 오래 살지 않으면 뜻을 펼 수 없다. 만만(萬萬: 억만금)의 재산과 보배를 버리고서라도 오래 살지 않으면 안 된다.

그런 생명조차도 의(義)를 위해서는 버리지 않으면 안 되는 것이기 때문에 의(義)라는 것의 무게는 심히 헤아리기조차 어렵다. 소중한 생명(生命)을 버리더라도 의(義)를 행하지 않으면 안 될 때 의(義)만큼 귀중한 것은 없다.

곰곰이(깊이깊이 생각하며) 세상을 보고 있으면 너무나도 간단히 생명을 버리는 사람도 있다. 그 중에서 의(義)를 위하여 죽는 사람이 천 명 중에 한 명이라도 있을까 의문이다.

도리어 신분이 낮고 교육도 받지 못한 사람 중에 의(義)를 위하여 죽는 사람이 이외로 많다. 많은 지식과 교육을 받은 사람들 쪽이 의(義)를 위하여 죽는 것은 어려울 것이라는 등 혼자 중얼거리며 여가를 보내고 있을 때, 어떤 사람이 와서 나에게 물어왔다.

"재산은 누가 뭐라고 해도 소중하기 때문에 잃고 싶지 않다고 생각하지만, 생명(生命)이 있은 후에 재산이며 보물이기 때문에 위급할 때는 재산을 던져서라도 생명을 지키는 것이 당연하지요. 이처럼 세상(世上) 그 무엇보다 귀중한 생명을 의(義)를 위해서는 버리는 것이라면 그 사람은 생명보다도 의(義)를 중요시한 것이지요. '욕망(慾望)과 생명(生命)과 의(義)'의 3가지 귀중한 것 중에서 사람은 역시 의(義)를 가장 중요하게 생각할까요."

2. 사람은 의(義)보다도 욕망을 위해 죽는다

나는 그 사람에게 이러한 이야기를 하였다.

"욕망(慾望)과 생명(生命)과 의(義)의 3가지 중에 가장 소중하게 생각해야 할 것은 의(義)라고 한다면 이것은 마땅하고 당연한 일이다.

하지만 욕망(慾望)과 생명(生命)과 의(義) 세 가지 중에서 사람들 모두가 의(義)를 소중하게 여기리라는 생각은 잘못이다. 사람은 그저 욕망과 생명을 소중히 하여 의(義)에 마음을 쓰는 자가 의외로 적다."

그가 또 이렇게 말하였다.

"재산도 생명이 있어야 하는 것, 생명이 없으면 재산 따위 아무런 소용이 없지요. 중요한 것은 오로지 하나뿐인 생명(生命)이지요. 그런 생명을 의(義)를 위해 버리는 자가 과연 있을까요."

그래서 나는 또 이렇게 말하였다.

"누가 의(義)를 위해 생명을 가볍게 보았다고 말하는가."

그래서 그는 또 물었다.

"이를 테면 사람에게 험담을 듣고 참지 못하고 마침내 서로 싸우게 되어 생명을 버리는 자는 더러 있지요. 이것은 의(義)를 중요시하여 생명과 바꾼 것이지요. 재산도 생명도 버려서 의(義)를 세우려고 죽은 것이지요. 또 전쟁터에 나아가 전사하는 사람의 수는 헤아릴 수 없을 정도입니다. 이들은 모두 의(義)를 위해 죽은 사람들이지요. 그런 것을 생각하면 사람은 모두 욕망과 생명보다 의(義)를 소중히 여긴다고 할 수 있겠지요."

또 다시 나는 대답하였다.

"사람에게 험담을 듣고 분함을 참지 못하고 죽은 것은 의(義)를 위해 죽은 것처럼 보이나 결코 그렇지 않다. 그저 한 때의 분노에 자기의 절제심을 잃고 전후 분별을 못한 것뿐이다. 의(義)를 위한 것이 아니라 분노 때문에 죽은 것이다. 이것을 도저히 의(義)라고 말 할 수 없다. 사람에게 험담을 듣게 된 것은 그 이전에 그 자신이 의(義)에 반(反)하였기 때문이다. 그래서 험담을 들은 것이다.

 사람과의 사귐 속에서 의(義)를 가지고 있으면 사람이 험담할 리가 없다. 사람에게 험담을 들었으면 험담을 듣기 전에 이미 자신이 의(義)에 반하였다는 것을 먼저 알아야 한다."

3. 의(義)의 본질

 의(義)는 참으로 소중한 것이다. 의의 본질(本質)은 하늘의 도리(道理)이다. 이것을 사람이 스스로 행할 때 천성(天性)이라 하고, 태어나면서부터 사람에게 부여된 마음의 작용이라고도 한다.
 또, 의(義)를 덕(德)이라 하고, 도(道)라 하며, 인(仁)이라 부르고, 예(禮)라고 하는 데 모두 같은 뜻이다. 그저 놓인 장소에 따라서 호칭이 바뀌고 사용법도 다르지만 본질은 완전히 같은 것이다.

 인(仁)이라고 불릴 때는 타인과의 관계에서 박애(博愛)라는 의미로 쓰인다. 의(義)라는 문자를 이용하여 자기 자신의 마음 본연(本然)의 모습에서 보는 경우에는 틀림없는 도리(道理)의 올바름을 추구한다.

 이를 테면 죽는다 해도 도리(道理)에 맞지 않다면 의

(義)는 아니다. 그럼에도 불구하고 사람이 그 죽는 것만으로 의(義)라고 생각하고 있다.

의(義)란 사람의 마음 속을 관철(觀徹: 속속들이 꿰뚫어 봄)하고 있는 똑바르고 정직한 것을 본질(本質)로 하는 것이다. 이 도리(道理)의 감각(인식하고 반응하는 능력 기관)을 규범으로 하고, 규범(規範)에서 생겨나는 것이야 말로 의(義)인 것이다.

4. 의(義)를 가벼이 보는 자

사람의 마음을 관철(觀徹)하는 정직한 감각에 따르지 않고, 욕망(慾望)을 위해 죽는 것은 의(義)를 위한 죽음이 아니다. 앞에서 언급한 참된 의(義)로 죽는 자가 천 명 중에 한 사람이라도 있을지 모르는 것이다.

자신이 주군(主君)을 섬기게 된 후 몸에 걸치는 의류, 허리에 차는 칼부터 타는 말, 모든 도구에 이르기까지 주군의 은혜가 아닌 것이 하나도 없다. 게다가 친족·처와 자식도 모두가 주군에게 은혜를 입고 있다.

이러한 은혜를 깊이 생각하여 주군을 위해 전쟁터에 나가서 생명을 무릅쓰고 행한 죽음이라면 이것은 의(義)를 위해 죽은 자라고 할 수 있다. 이것은 자신의 명예(名譽)를 위한 것도 아니며, 공명을 얻어 영지를 받으려는 마음도 아니다. 그저 은혜를 입었기 때문에 보답하려는 진실된 마음이다.

이러한 죽음을 선택하는 자가 천명에 한 사람 있을까 말까하는 것이다. 만약 천명에 한 사람이 있으면 십만 명 중에 백명이 된다. 만일의 사태 때 전쟁에 참가하는 사람은 십만명은 될 것이다. 그 중에 과연 백명의 의인 (義人)이 있을지 의문이다.

언제 어떠한 시대라도 나라가 어지럽고 전쟁이 벌어지는 일은 있어왔다. 오천명・칠천명의 전사자(戰死者)가 나오는 것도 있게 된다. 이 중에는 적과 싸워서 공명(功名)을 얻는 자도 있고, 또 아무런 생각도 없이 주위에 휩쓸려 전사한 자도 있다. 이러한 전사자는 의(義)에 의해 죽은 것처럼 보이지만 대부분은 의(義)를 위한 것이 아니다. 명예와 은혜를 위한 것이다.

전쟁에 참가하는 자의 하나는 의(義)를 위함이 아니라 공명(功名)을 얻고자 하는 마음이다. 또 하나는 공명을 얻어 전쟁 후에는 영지를 받고 입신출세(立身出世)하려는 것이다. 성공하여 입신하는 자도 있고 전사한 자도 있다.

또 나이든 무사 중에는 언제까지 빈둥거리며 있을 수

없기 때문에 이 전쟁에서 공명(功名)을 세우고 노후(老後)의 이름을 자손에게 남기려 하는 것이고, 만일 전사하지 않고 공명을 세우면 자손에게는 명예와 은혜의 두 가지를 남길 수 있다고 생각하고 죽음을 마다하지 않는 자 등도 같은 부류이다.

어느 것이나 모두 명예와 은혜의 두 가지 경우의 죽음이다. 욕망에서 태어난 혈기(血氣)의 죽음이다. 의(義)에 의한 죽음은 아니다.

그 중에는 주군에게서 당부와 감사의 말을 듣고 생명을 바치는 자도 있다. 이것은 의(義)를 위한 죽음이다. 의(義)는 가장 중요시해야 함에도 의를 중요시하는 자가 없다.

생명을 버리는 자도, 생명을 아끼다 창피를 당한 자도 의(義)를 가볍게 보는 것은 마찬가지이다.

5. 너무나도 의(義)를 모르는 자

중국의 진(晉)나라의 경공(景公)시대의 정영(程嬰)과 저구(杵臼)[1] 두 사람 모두 의(義)를 위해 죽었다. 은(殷)나라 말기의 백이(伯夷)와 숙제(叔齊)[2] 두 형제가 신하

---

[1] 정영(程嬰), 저구(杵臼) : 진의 경공(景公)시대에 재상 조삭(趙朔)의 집에 있던 가신(家臣)이다. 당시 조정의 어지러운 틈을 타 간신 도안고(屠岸賈)에 의해 조씨 일족이 모두 죽임을 당하였을 때, 이 두 사람은 도안고의 추적으로부터 피하고 조삭의 아내 조희(경공의 누이)가 도망쳐 유복자를 키울 수 있도록, 저구는 유복자로 변장한 다른 아이를 안고 함께 죽었다. 이 때 정영은 저구와의 약속대로 유복자를 키우고 도안고를 멸망시키고 유복자 조무(趙武)가 성장하여 가문을 잇게 되자 정영은 자신을 믿고 먼저 목숨을 버린 저구 곁으로 간다는 말을 남기고 스스로 목숨을 끊었다. 이후 조무의 후예들은 계속 번창하여 그후 100년 뒤 조양자(趙襄子)가 조나라를 세웠다.

[2] 백이(伯夷), 숙제(叔齊) : 은나라 말기 변방의 작은 영지인 고죽군(孤竹君)의 후계자로 있을 때 그들 아비가 죽었다. 그런데 두 형제가 서로 영지를 맡지 않으려 할 때 이야기이다. 백이가 형, 숙제가 동생이다. 두 사람은 주(周)의 무왕(武王)이 은(殷)의 주왕(紂王)을 치려고 할 때 신하가 주군을 죽이는 것은 있을 수 없다고 간언하였으나 듣지 않았다. 은이 멸망하자 주의

로서 주군을 죽이는 일이 있어서는 안 된다고 간언한 것도 의(義)를 생각하는 사람이었기 때문이다. 그들이 수양산(首陽山)에서 굶어 죽은 것도 의(義)를 위한 것이다.

의(義)를 위해 죽은 사람은 이렇게 살펴보면 옛날부터 결코 많지 않다. 하물며 현재와 같이 무도(無道)가 만연하는 시대에는 욕망으로 목숨을 가벼이 여기고 의(義)를 소중히 하는 자가 없다. 모두 욕망을 위해 목숨을 버리고, 또는 생명의 아까움을 위해 창피를 당하더라도 오래 살아가는 것이다. 모두가 의(義)라는 것을 전혀 알지 못하는 것이다. 그런데도 사람들은 정녕히 의(義)를 알고 있는 자가 없음에도 정말로 의(義)를 생각하는 척하고 있다.

어리석게도 도리(道理)를 무시한 거친 행동을 사람에게 하면 그 당한 사람은 이것을 참지 못하고 험담을 한다. 이 험담으로 유감스럽게 생명을 잃는 사람들이 많

곡식을 먹는 것을 거부하고 수양산(首陽山)에 칩거하여 고사리로 연명하고 있을 때 왕미자(王微子)라는 사람이 찾아와 백이숙제를 탓하며, 그 고사리도 주나라 것이라 하자, 이치에 맞는 말이라 그후 아무것도 먹지 않고 굶어 죽었다고 전해진다.

다. 이것은 의(義)를 알지 못하기 때문이며, 또 욕망(慾望)을 이루기 위한 욕심의 죽음이다.

사람에게 도리(道理)를 무시한 거친 행동을 하면서 자신의 험담을 듣고 싶지 않다고 생각하는 것이 욕심(慾心)이다. 사람에게 돌을 던지고 상대가 응수로서 돌 대신 황금을 던져 준다면 동의할 수 있으나, 만일 상대가 돌을 던져오면 자신도 상대를 죽이려고 응수하는 분노와 같은 것이다.

사람에게 좋은 말을 하면 상대도 역시 좋은 말로 응수하는 것이 당연하다. 험담을 듣고서 험담으로 되받아치는 것도 본연(本然)의 모습이다. 험담이 되돌아왔다고 해서 상대를 죽이고 자신도 죽으려고 생각하는 것이야말로 어리석은 혈기(血氣)이다. 의(義)가 아니다. 다만 어리석음의 극치라고 할 수 있다.

무사(武士)로서 살아가는 한, 주군을 섬기고 주군을 위해 생명을 내던져야 하는 것인데, 단순히 말싸움으로 죽이는 따위 일의 옳고 그름을 따지기 전에 먼저 의(義)를 모르는 자로 보아야 한다.

6. 사람은 욕망(慾望)의 덩어리

 사람이 욕망(慾望)3)을 가졌다고 하나 이것은 단지 무턱대고 재산을 욕심내거나 금은보화를 모으는 것만을 일삼는 욕심이 아니다.
 눈이 물체를 보는 것도 욕망에 의한 것이다. 귀가 소리를 듣는 것도 욕망에 의해 듣는 것이다. 코가 향기를 맡는 것도 역시 욕망에 의한 것이다. 순간 무엇인가를 하고자 하는 생각이 드는 것도 욕망(慾望)이 있기 때문이다.
 인간의 신체는 모두 욕망의 덩어리라고 할 수 있다. 누구라도 욕망이 강한 것은 매우 당연한 일이다. 물론 욕망(慾望)으로 가득찬 인간의 신체 중에서도 무욕(無

---

3) 욕망(慾望) : 무엇을 가지려 하거나 누리고자 하는 인간 본연의 모습이다. 불교에서의 탐심은 마음을 더럽히는 삼구(三垢)로 탐욕(貪慾: 좋아하는 대상을 지나치게 탐하는 욕심)·진에(瞋恚: 자기 마음에 들지않는다고 성냄)·우치(愚癡: 진리를 분별하지 못하는 어리석음)의 3가지와는 다르다.

慾)을 본질로 하는 부분도 포함되어 있다. 그렇지만 항상 강하고 격렬한 욕망의 그늘에 숨겨져 표면으로 나타나지 않는다. 게다가 이 무욕(無慾)의 본질은 지키기 어렵고 또 외부의 모든 물체에 동요되고, 다른 육욕(六慾)4)에 무너지고 그 결과 바람직하지 않은 욕심으로 가득차게 된다.

---

4) 육욕(六慾) : 육근(六根), 즉 눈, 귀, 코, 혀, 신체(身體), 마음(心意)에 의한 욕정을 가리킨다. 즉 색욕(色慾: 빛깔에 대한 탐욕), 언어음성욕(言語音聲慾: 감미로운 음성·노래에 대한 탐욕), 형모욕(形貌慾: 미모에 대한 탐욕), 위의자태욕(威儀姿態慾: 자태나 애교에 대한 탐욕), 세활욕(細滑慾: 부드러운 살결에 대한 탐욕), 인상욕(人相慾: 사랑스런 모양에 대한 탐욕)의 총칭이다.

7. 욕망에서 심신은 태어난다

우리들의 심신(心身)을 자세히 관조(觀照)해 보면, 색(色)·수(受)·상(想)·행(行)·식(識)의 인간을 구성하는 이 다섯 가지 범주(대상)의 요소인 오온(五蘊)으로 나눌 수 있다.

이 오온은 세계(世界)·일체(一切)·제법(諸法)의 구성에 대한 부처님의 설법 가운데 하나이다. 온(蘊)은 한자의 '쌓는다'는 뜻이며, 산스크리트어로 '스칸다(skandha)', 팔리어로 '칸다(khanda)'로 읽으며, '덩어리·구성요소' 등을 의미한다.

색(色)이란 우리들의 이 육체(肉體) 자체이다. 색즉시공(色即是空)이며, 눈에 보이는 현상은 인연에 따라 끊임없이 생겼다가 소멸하는 것처럼 실재하는 존재가 아니라는 것이다. 공즉시색(空即是色)과 짝을 이룬다.

수(受)란 이 육체가 수용하고 느끼는 것의 좋은가 나쁜가, 옳은가 옳지 않는가, 슬픔인가 기쁨인가, 고통인가 즐거움인가 등의 감각수용을 말한다.

　상(想)이란 원망(願望 : 바람)이다. 악을 싫어하고 선을 바라며, 죄를 물리치고 기쁨을 바라고, 고통을 제거하고 즐거움을 바라는 생각이다.

　행(行)이란 앞의 수(受)와 상(想)을 자기 자신이 몸소 행하는 것을 말한다. 고통을 참으며 옳고 바른 일만 행하고, 악을 싫어하고 자신의 몸으로 선을 행하고자 하는 마음의 작용이다.

　식(識)이란 수(受)·상(想)·행(行)에서 선악(善惡)·시비(是非)·고락(苦樂)·비환(悲歡)을 변별하여 악을 악으로 알고, 선을 선으로 알고, 고통을 고통으로 알고, 즐거움을 즐거움으로 알아 구분하는 의식을 말한다.
　이 식(識: 앎)은 추한 것을 싫어하고 아름다움을 즐거

위하는 선악·시비와는 다른 판단으로도 작용하고 있다. 이 판단에 따라서 신체가 움직인다.

신체(身體)가 있기 때문에 감각이 있고, 감각(感覺)이 있기 때문에 원망(願望)이 있다. 이것을 행하려 하고 행하고자 하기 때문에 의식(意識)이 작용한다.

의식(意識)에 의해 선악·시비·미추가 나누어지고, 그 중 무엇을 취하고 무엇을 버릴 것인가의 생각이 일고, 생각이 일기 때문에 육체가 존재한다. 그것은 마치 태양과 달의 붉은 모습이 색으로 비치듯이 분명한 것이기 때문에 부처님도 "물체에 따라서 형태를 표현하는 것으로 물 속의 달과 같다"고 설법하고 있다.

색(色)·수(受)·상(想)·행(行)·식(識), 즉 육체에서 감각(感覺)으로, 그리고 원망(願望)으로, 그것을 행하기 때문에 의식(意識)으로 돌아서, 또 육체(肉體)로 돌아온다. 이 경로를 줄여 말한다면, 오온(五蘊) 즉 '신체와 마음의 작용'이다.

이 마음의 작용은 12인연(十二因緣)[5]의 유전(流轉)에

5) 12인연(十二因緣) : 다른 말로 12연기(十二緣起)라고 한다. 일체중생이 아득히 먼 영원한 옛날로부터 무궁한 미래에 이르기까지 삼계(三界)와 육도(六道)를 돌고 헤매면서 전생에서 현생에 태어나 늙고 죽으며, 다음 세대에 태어난다. 그것은 삼세윤회(三世輪回)라 하며, 이 모습을 12인과관계로 설법한 것이다.

12인연은 무명·행·식·명색·육처·촉·수·애·취·유·생·노사 12가지이다.

① 무명(無明): 불도(佛道)에 대한 무지.
② 행(行): 무지에서 오는 인식으로 식(識)을 일으킴.
③ 식(識): 전생의 업으로 인한 현세에서 얻는 마음.
④ 명색(名色): 명은 정신적인 것, 색은 물질적인 것으로 인식과 결합된 육체의 현상.
⑤ 육처(六處): 육체에 있는 눈·귀·코·혀·몸·마음(心)의 여섯 감각기관으로 육근(六根)·육입(六入)이라고도 함.
⑥ 촉(觸): 육근(六根)·육경(六境)·육식(六識)의 접촉으로 인지되는 감각·지각의 인식작용.
⑦ 수(受): 감촉에 뒤이어 오는 느낌. 고(苦)·락(樂)·호(好)·악(惡) 등.
⑧ 애(愛): 정신적·육체적 느낌에서 오는 애착(愛着).
⑨ 취(取): 애착이 굳어져 버린 집착(執着).
⑩ 유(有): 신(身: 몸)·구(口: 입)·의(意: 마음)의 삼업(三業)으로 짓는 죄업에 따라 윤회하는 존재의 통칭이며, 색유·무색유로 구분한다.
㉠ 색유(色有): 욕계(慾界)와 색계(色界)에서 사는 육체를 가진 존재이며, ㉡ 무색유(無色有): 무색계(無色界)를 이르며, 육계(六界: 지옥도:地獄道, 아귀도:餓鬼道, 축생도:畜生

의해 육체를 만들었기 때문에 모든 것은 이 의식(意識)에서 시작된다.

앎(識)이란 즉 욕망이다. 이 욕망에서 우리들과 같은 육체가 생기기 때문에 애당초 이 신체의 모든 것은 욕망(慾望)의 덩어리로 뭉쳐져 있다.

그러므로 머리털 한 오라기를 당기더라도 욕망의 마음은 일어난다. 손가락 끝으로 살짝 만지더라도 욕념(慾念)은 일어나고, 발끝으로 더듬더라도 욕념(慾念)은 일어난다. 누가 뭐라고 해도 신체의 전부가 욕망으로 덩어리져 있기 때문에 무리(無理)도 아니다.

道, 아수라도:阿修羅道, 인간도:人間道, 천상도:天上道)가 없는 정신적 존재를 일컬음
⑪ 생(生): 출생을 말한다. 여러 생물의 종류에 따라 알과 태 등으로 나오는 태란습화(胎卵濕化)의 사생(四生)이다.
⑫ 노사(老死): 늙어서 죽는 것의 괴로움

12가지 중 「①무명・②행」은 과거세상에 속하고, 「⑪생・⑫노사」는 미래에 속하며, 나머지 「③식・④명색・⑤육처・⑥수・⑦애・⑧취・⑨유・⑩색유」 여덟은 현재의 세상에 속하여 「번뇌・업・고」로 서로 맞물려 있으니, 「번뇌(煩惱)」는 업의 인연이요, 「업(業)」은 고의 인연이요, 「고(苦)」는 번뇌의 인연이다.

8. 진심과 배려의 마음

 속속들이 욕망(慾望)으로 채워져 있는 우리들의 신체이지만 오로지 무욕(無慾)으로 정직한 중심(中心)이 숨겨져 있다.
 이 마음은 육체·감각·원망·의지의 작용이므로 의식(意識)과는 별도로 색(色)도 모양(形)도 없고, 하물며 욕망(慾望)과는 관계없이 존재하는 중정(中正)으로 똑바른 것이다.
 이 마음을 척도로 해서 모든 일을 행할 경우, 행하는 것은 모두 의(義)에 맞는 것이다. 이 중정(中正)한 똑바른 것이야 말로 의(義)의 본체·의(義)의 본질이다.

 의(義)란 표면에 드러난 행동에 대하여 부여한 가명(假名)이다. 인(仁)이란 것 역시, 이 중정(中正)으로써 똑바른 색(色)도 형태(形態)도 없는 것이다. 박애(博愛)를 베풀 때 일어나고, 그 본질을 인(仁)이라 하지만 그것은 박애의 범위 내에서 임시로 붙인 이름이다.

 인의예지(仁義禮智) 이 네 가지 마음씨 사단(四端)-어질고(측은지심: 惻隱之心), 의롭고(수오지심: 羞惡之心), 예의있고(사양지심: 辭讓之心), 지혜로움(시비지심: 是非之心)은 모두 같은 것에 붙인 다른 이름이다. 이것은 모두 무욕(無慾)의 중심(中心)이라는 것을 이해하기 바라는 것이다.

 그러므로 사람의 도(道)는 충서(忠恕, 진심과 배려)가 있는 것이다. 충(忠)의 글자는 글자 모양대로 중심(中心: 좌로나 우로나 지우치지 않는 바른 마음)이다. 그리고 서(恕)는 여심(如心: 한결같은 마음)이다.

 중심(中心)과 여심(如心), 즉 진심(眞心)과 배려(配慮)가 있는 마음을 가지면 어떠한 일이 있더라도 나쁜 일은 할 수 없다.

9. 의지는 욕망에 의해 태어난다

이렇게 말하더라도 마음의 수행(修行)을 깊이 쌓은 사람이 아니라면 백일간 설법(說法)한 그것을 백일간 들었다고 하더라도 도저히 진심으로 납득하는 것은 불가능하다.

그렇지만 우리들이 이렇게 말하는 것에 대하여, 아니 그런 일은 없다고 하는 사람들은 유학(儒學)을 강의하는 사람, 그것을 열심히 듣고 있는 사람의 행동과 마음속을 보면 잘 알 수 있다. 불교의 가르침을 설법(說法)하는 사람, 듣는 사람도 마찬가지이다. 이것은 그저 유교를 험담하고 배척하려는 것은 아니다.

그렇지만 참된 수행(修行)을 쌓고 도달해야 할 곳에 도달한 사람이 아니라면, 어떠한 웅변으로 설명하더라도 결코 진심으로 납득하지 못한다는 것이다. 다만 그러한 사람의 행동 흔적으로부터 빨리 이것을 간파해야 한다.

어떤 사람이 욕망(慾望)과 의(義)에 대하여 이상하게 생각하고 나에게 이렇게 말하였다.

"보는 것도 욕망(慾望), 듣는 것도 욕망, 아주 잠깐 의지(意志)가 생기더라도 그것은 욕망에 의한 것이라고 말하는 것은 어떻게 하면 의(義)를 세우고 의를 관철할 수 있는가에 있지요.

강한 의지를 가진다는 것은 그 원망(願望:원하고 바라는 것)에 열중하여 바위나 나무와 같이 되는 것이지요. 바위나 나무와 같이 감각도 원망도 사라져 버려서는 정의(正義)를 위해 의(義)를 관철할 수 없겠지요. 어쨌든 의지(意志)의 힘을 빌리지 않으면 어떤 바람(願望)도 달성할 수 없게 되겠지요."

나는 말하였다.

"이 불심(不審: 자세히 알지 못하거나 의심스러움)은 지당하다. 애초 마음에는 의지(意志)가 없기 때문에 마음만으로는 우측으로 달리거나 좌측으로 달리거나, 위에 붙거나 아래에 붙는 경우가 없는 것이다.

그것이 하나의 의지(意志)가 생기면 좌측으로도 우측으로도 달리고, 위에도 아래에도 붙는 것처럼 자신이 가고 싶은 곳으로 간다.

그래서 의지(意志)는 욕망(慾望)에 의해서 생긴다고 한다. 중심(中心)을 오가는 똑바른 마음은 표면(表面)으로는 나오지 않는 법이다."

10. 욕망의 힘을 빌려서 무욕의 의(義)를 행한다

그러므로 이 욕망(慾望)의 힘을 빌리지 않는 것은 선(善)이든 악(惡)이든 어떠한 행동도 취할 수 없다. 사람이 강(江)에 빠져 있는 것을 보고 끌어 올리고 싶은 마음(心)이 있더라도 손(手)이 없으면 끌어 올릴 수 없다. 또 반대로 사람을 벼랑으로 밀어뜨리고 싶다는 마음(心)이 있더라도 손(手)이 없으면 밀어뜨릴 수 없다.

여기에서 마음(心)이란 것은 '의식·감정·생각·기분 등 정신작용의 총체'를 말한다. 욕망(慾望)이란 것은 '무엇을 가지거나 누리고자 간절하게 바라는 마음'으로 욕망을 일으키며, 그래서 욕망은 행동으로 나아가는 단계로 보는 것이다.

이와 같이 어떠한 일이라도 잘 되고 안 되고는 그 손의 작용에 달려 있다면 일이 성공하든 실패하든 도리(道理)에 어긋나게 된다.

인간이 무엇을 하더라도 '욕망(心)의 힘(手)'을 빌리게 되지만 중심(中心)의 똑바른 마음을 척도로 하고, 그 판단에 따라 행동하면 욕망(慾望)이 바른 힘을 발휘하게 된다.

이 척도(尺度)에서 벗어나지 않는 욕망(慾望)을 욕념(慾念: 욕심, 또는 탐심)으로 부르지 않고 의(義)라 한다. 의(義)는 즉 덕(德)이다.

중심(中心)을 관철하는 똑바른 것은 마차(馬車)와 같은 것이다. 여기에서 의지(意志)를 실어서 이쪽은 안 된다고 마차(馬車)가 판단하면 금지하는 반대쪽으로 끌고 간다. 좋다고 판단하면 옳은 곳으로 마차를 끌고 간다. 모든 일을 마차의 판단에 맡기게 되면 가능하던 불가능하던 그 행동은 모두 의(義)에 맞는 것이 된다.

욕망에 의한 의지(意志)를 무시하고 바위와 나무와 같이 무의(無意)가 되어서는 어떤 일도 할 수 없다. 욕망의 힘을 빌려서 무욕(無慾)의 의(義)에 들어맞도록 하는 것이야 말로 도(道)인 것이다.

11. 신(神)의 도리와 주군(主君)의 도리

　신(神)에게는 유명한 신과 그다지 이름이 알려지지 않은 신이 있다. 일본에서 스미요시(住吉)·타마츠시마(玉津島)·키타노(北野)·히라노(平野)라는 신(神) 등은 유명한 신(神)이다.

　그저 신(神)이라고 부르는 것은 이름이 알려지지 않은 신이다. 신을 숭배하고 존경하고 있다고 하는 경우는 '스미요시·타마츠시마·히라노·키타노' 등처럼 이름을 거명하지 않고 어떤 신(神)이라도 존경하고 숭배하는 것이다.

　사람들이 키타노(北野) 신(神)을 믿고 있다고 할 때는 히라노(平野) 신(神)은 뒷전이다. 또 히라노 신(神)을 믿고 있다고 할 때는 키타노 신(神)은 아무래도 좋다.

　하나의 신(神), 한 곳의 신(神)에 국한하여 경배하거나 의지하고 다른 신(神)은 은혜가 있다고 조차 말하지 않는다. 이 신(神)만을 믿고, 또는 이 신(神)은 믿지 않고 다른 신(神)을 믿는다고 한다.

신(神)의 전부를 생각하는 것이 아니라 하나의 신(神), 한 곳의 신(神)에 국한하여 경배하거나 믿으려고 하는 것은 도저히 신(神)에 대한 도리(道理)는 성립되지 않는다. 무엇이든 어쨌든 신(神)이라면 믿고 경배(敬拜)하여야 비로소 신(神)의 도리가 성립된다.

이것을 군신(君臣)의 도리에 적용해 보자. 군주(君主)란 위의 한 사람 즉 천황(天皇)이다. 신하란 왕신(王臣) 즉 천황의 신하이다. 그 이하의 신분에 대해서는 군신 등의 단어는 사용하지 않으나 지금, 임시방편으로 이 단어를 사용하여 이하의 사람에 대해 말해보자.

주군(主君)에도 유명한 주군, 이름도 없는 주군이 있을 것이다. 가신(家臣) 쪽에도 이름이 있는 가신도 있으며, 이름이 없는 가신도 있을 것이다. 바꾸어 말하면 유명한 주인(主人)은 가신이 "우리들의 주인은 마츠이데와(松井出羽)라고 한다"거나, "우리 주인은 야마모토타지마(山本但馬)이다" 등으로 자랑하듯이 이름을 거명하며 강조하는 것이 보통이다.

반면 이름도 없는 주인의 경우는 그의 가신도 그저 '우리 주인', '우리 주군'이라는 정도이며, 억지로 이름을 말하려고 하지 않는다.

가신으로서 수하 사람이 자신의 주군(主君)을 그저 주군이나 주인으로 생각하고 섬긴다면 주군(主君)에 대한 도리는 성립된다.

주인 쪽에서도 이 가신, 저 가신(家臣)과 같이 개별적으로 가신(家臣)인 것을 생각하고 부리는 것이 아니라, 모든 가신을 자신의 가신이라고 확실하게 생각한다면 가신에 대한 도리도 성립되는 것은 틀림없다.

12. 주군(主君)의 도리와 가신(家臣)의 도리

옛날에는 "현명하고 충성스러운 가신은 두 사람의 주군을 섬기지 않는다(忠臣不事二君)"라고 말하며, 두 사람의 주군(主君)을 모시지 않는 것이 충신(忠臣)으로서 당연한 일이라고 생각해 왔다.

그렇지만 그로부터 오랜 세월이 지나서 여기저기서 주군을 모시고 결국 떠돌아다닌 자들이 그것을 도리어 자랑스럽게 이야기하는 시대이다.

주군(主君) 쪽에서도 가신이 도저히 마음에 들지 않는다며 자신의 집에서 쫓아내고 그에게 창피를 주기 때문에 군신(君臣)의 도리, 주종(主從)의 도리(道理)도 문란해진다.

가신(家臣)으로서 주군을 섬기는 자는 여러 집에 잇달아 봉공(奉公: 받들어 힘써 일함)하였더라도 언제라도 주군은 이 한 사람이라고 생각을 굳혀야 한다. 이것이 무명(無名)의 주군인 것이다.

즉 신(神)이라면 어느 신에게도 신으로서의 숭배와 존경을 바치는 것과 마찬가지로, 주군(主君)이라면 어떤 주군에 대해서도 주군이기 때문에 똑 같이 섬긴다는 것이다. 그렇게 하면 주군으로서의 도리는 세워지게 된다.

어떤 집에 봉공(奉公)하며, 어떤 주군을 모시더라도 그 때마다 '이 사람이 나의 주군(主君)이다'라고 생각하며 주군을 소중히 생각하고 모신다면, 이를테면 봉공(奉公)은 주인이 바뀌더라도 주군은 처음부터 마지막까지 한 사람인 것과 마찬가지이다.

어디의 어떤 사람이 주인에게 봉공(奉公)하더라도 주인을 위해 일한다는 것을 모르기 때문에 그 주인에게 높이 기용되는 일은 결코 없다.

"나의 주인은 마츠이데와(松井出羽)이며 대단히 엄청난 사람이다"고 하는 남자는 급료를 받고 생활을 하면서도 주군을 생각하는 두 마음을 가지고 있지 않기 때문에, 이를 테면 다음에 야마모토타지마(山本但馬)라는 주인을 섬긴다고 해도 그 남자의 마음은 앞과 같이 그저 그 대상이 야마모토타지마로 바뀌었을 뿐이다.

13. 무명의 주군(主君), 무명의 가신(家臣)

 그보다도 이 주인은 아무개, 저 주인은 누구누구로 이름을 밝히지 않고, 그저 주인 주인으로 생각하고, 주인에 대한 의(義)를 생각하는 것이다.

 그렇게 생각하면, 이를 테면 1개월간이라도, 또는 1년 또는 10년간이라도 그 주인으로부터 급료를 받고 있는 동안은 이 사람이 나의 주인이라고 굳건히 생각하고, 너무 가까이 앞에 서지 않고 또 그림자도 밟지 않도록 마음쓰고 배려하여 봉공(奉公)한다면 여러 집에서 일을 하더라도 주인은 한 사람과 같다.

 주인(主人) 쪽에서도 가신을 교체하여 사용하더라도 가신(家臣)을 가신으로서 사랑하고 노고를 위로하고 신임자와 선임자로 나누어 거리를 두지 않고 자비를 베푼다면 가신도 무명의 가신, 주군도 무명의 주군이 되어 군신·주종의 도리는 성립한다.

 오늘 처음 들어 온 신참자나 10년, 20년의 선임자도 나누어 거리를 두지 않고 그저 자신의 가신이라고 생각하는 것이 중요하다.

급료는 다소 차이가 있겠지만 그것은 당연한 일이다. 그저 가신을 소중히 하고 사랑하는 태도와 심중(心中)에 구별하고 차이가 있어서는 안 된다는 것이다.

가신(家臣)의 쪽에서도, 오늘 가신으로 삼아 준 주인(主人)에게 이 사람이 나의 주인이라고 생각할 때 '오늘 모시는 주인이다'라는 따위로 생각해서는 안 된다.

그와 같은 생각이야 말로 군신의 도리(君臣之道)・가신의 도리(家臣之道)가 성립되는 것이다.

14. 덧없는 세상은 꿈과 같다

이태백(李太白, 701~762: 중국 당나라 때 시인)의 시에 이러한 것이 있다.

"하늘과 땅이란 만물(萬物)이 와서 묵어가는 여관(旅館)과 같은 것, 세월이란 끝없이 뒤를 이어 지나가는 나그네(過客)와 같은 것, 그래서 인간의 생애(生涯)란 꿈같아 덧없고 짧은 것, 이 세상에서 환락(歡樂)을 누린다 한들 그 얼마 쯤이나 될까."

물체(物體)라는 것은 달리 나무와 돌과 같은 물체만을 말하고 있는 것은 아니다. 사람도 물체 속에 포함되어 있다. 하늘과 땅 사이(이 지구라 해도 우주라 해도 좋다)는 사람과 물체가 오고 쉬어 가는 여관과 같은 것으로, 항상 다양한 마음을 담아서 가고 오는 물체와 사람은 결코 멈추는 것이 없다는 것이다.

세월이 흘러 춘하추동(春夏秋冬)으로 차례로 변해가는 모습은 백년 동안 변함이 없고 여행객이 쉬어가는 것과 매우 닮았다.

이 세상에 살아 있는 우리들의 모습은 마치 꿈과 같아 깨어나면 순식간에 사라지는 덧없음이다.

그리고 그 꿈을 꾸는 시간도 어찌나 짧은가. 때문에 옛날 사람이 밤낮을 가리지 않고 등불을 걸고 밤 유희(夜遊)에 정성을 다한 것도 무리는 아니다.

15. 절도 있는 유희

밤낮을 가리지 않고 열심히 유희(遊戱)한다는 것에 대해 오해하고 있는 사람이 있을 지도 모른다. 유희에는 절도(節度) 있는 행동이 필요하다.

절도를 지킨다면 유희도 결코 나쁘지 않다. 하지만 절도(룰: rule; 규칙)를 무시하거나 분별하지 못하고 유희를 즐기는 것은 광인(狂人)이 하는 짓이다.

유희할 거라면 절도를 넘지 않아야 한다. 절도라는 것은 어떤 것에 치우치지 않고 어느 정도 적절(適切)히 하는 것이다. 절(節)은 마디이다.

대나무가 마디를 맺지 않으면 강한 바람을 맞으면 부러지기 마련이다. 바로 대나무의 마디가 적당한 위치에서 마디를 굳건히 만들고 지탱하고 있는 것은 대나무 줄기 자체를 지키기 위한 것이다.

마찬가지로 유희에도 적당한 절도가 있다. 그 절도를 넘으면 좋지 않다.

공경(公卿)에게는 공경의 유희, 무사(武士)에게는 무사의 유희, 승려(僧侶)에게는 승려의 유희가 있듯이 저마다 어울리는 유희가 있다.

신분(身分), 이를 테면 경우에 맞지 않게 유희를 하는 것은 절도를 무시한 것이다.

공경들은 시가관현(詩歌管絃: 시 따위를 읊으며 악기를 연주하는 것)에 잘 어울리는 유희이다. 밤낮을 가리지 않고 유희를 즐기더라도 이렇다 할 일-무리(無理)도 없다. 자기 자신에 어울리는 유희라면 그러한 것이다.

16. 유희의 품격(品格)

 옛날 승려는 유희 따위를 응당 해서는 안 된다. 하지만 승려생활은 모두 공적(公的)인 일로 보고 이를테면 바늘 끝 정도의 하찮은 일도 엄중하게 지켜야 하는 것에 비해, 일반인의 생활은 사적(私的)인 일로 보고 말과 마차를 타고 지나갈 수 있을 정도로 크게 유희를 즐기더라도 융통성 있게 봐 주는 것이다.
 지금에는 승려도 일반인의 동정을 사서 예전과 달리 대체로 유희를 즐길 수 있게 되었다. 밤의 조용한 회합(會合)에는 시가를 즐기는 것도 허용되고, 렌쿠(連句: 두 사람 이상이 상구에 하구를 읊어가는 노래)나 하이쿠(俳句: 5·7·5字의 3구, 17자 단형시) 등을 짓고 같이 즐기고 있는 것 같다.
 일반적인 유희로서는 달과 꽃의 아름다움을 사랑하고, 꽃나무 아래나 달이 보이는 처마 근처에 14,15세의 시동을 데리고 풍아한 작은 항아리 등을 가지고 와서 몇 사람이 연회를 벌이는 것은 기품이 있는 것이다.

또 작은 벼루·단책(短冊: 短歌·俳句 등을 쓰기 위해 세로 36cm, 가로 6cm 정도 크기의 두껍고 조붓한 종이) 상자 등을 준비하는 것도 기품이 있다.

도(道)를 찾고자 열의를 가지고 수행하고 있는 방주(坊主: 주지스님) 등은 이 정도의 유희조차도 부정하려고 한다. 하물며 이 이외의 잡다한 풍취 등은 단호하게 허락하지 않는 것이다.

공경(公卿)과 무사(武士)들에게도 세상은 꿈과 같이 부질없고 변하기 쉽다는 것 때문에 등(燈)을 밝히고 밤에도 유희를 즐기려 하는 일은 매우 당연한 것이다.

하지만 모든 것은 꿈(환상)과 같은 것이다 하고, '놀자 놀자'고만 한다면, 마음을 마구 뒤흔들고 색(色)에 빠지고 방자한 짓을 저지르게 된다. 아무리 고인의 말을 빌려서 그 행동을 합리화하고자 해도 그 행동거지는 흰 눈(雪)에 검은 먹물(墨)과 같아 정반대임을 알아야 하는 것이다.

17. 잇펜상인(一遍上人)의 노래

잇펜상인(一遍上人: 잇펜대사를 높여 부름)6)이 키슈 유라(紀州由良)의 홍국사(興國寺: 코코쿠지)를 개사한 법등국사(法燈國師:호우도우코쿠시)7)를 만났을 때, "노래를 읊었습니다"라는 말을 들었다.

---

6) 잇펜상인(一遍上人: 圓照大師, 1239~1289) : 이요(伊豫: 지금의 에히메현:愛媛縣)의 사람으로 7세에 출가하여 비예산(比叡山)에서 배우고, 후에 정토교도 배워서 쿠마노(熊野)에서 참선하여 이름을 一遍으로 개명했다. 그 후 공야상인(空也上人)의 용염불(踊念佛)을 민중에게 권장하며 여러 지방을 순례하였다. 그래서 유행상인(遊行上人)으로 부른다. 일본 정토종의 일파인 시종(時宗)을 개창하였다.

7) 법등국사(法燈國師: 法燈禪師-法燈圓明國師, 1206~1298) : 신슈(信州: 지금의 나가노현(長野縣)의 북부)의 사람으로 임제종의 승려이다. 1294년 宋으로 건너가서 수학하여 귀국 후 기이(紀伊: 지금의 오카야마현:和歌山縣)에 서방사(西方寺)를 개사하였다. 칙명으로 교토에 가는 것 외는 명리를 벗어나지 않았으며, 법등파(法燈派: 부처님의 말씀만 설법하는 일파)를 세웠다.

"거 무슨 어떤…"하고 국사가 묻자, 잇펜상인은 "그것은 부처도 나도 없고 나무아미타불의 소리만……"하고 말하였다.

그리고 법등국사는 "아랫 구에 뭔가 덧붙이면 어떨까…"라는 말을 하였다.

그 후 잇펜상인은 쿠마노(熊野)에서 3·7(21)일의 수행을 하고 다시 유라(由良)에 들렸다. 그리고 그때 "이렇게 읊었습니다"고 운(云)을 떼고, 읊기를 "그것은 부처도 나도 없고 나무아미타불, 나무아미타불……"이라고만 계속한 것이다.

국사는 "이것이다. 바로 이것이다"라고 몇 번이고 고개를 끄덕였다고 고악화상(古嶽和尙: 코가쿠오쇼우)8)의 서책에 적혀 있다. 그것을 거듭하여 새겨 본다.

---

8) 고악화상(古嶽宗亙, 1465~1548) : 오우미(近江: 지금의 시카현: 滋賀縣)의 사람으로 무로마치시대(室町時代) 임제종(臨濟宗)의 승려이다. 만년은 대덕사(大德寺)에서 제77대(종조)가 되었다.

18. 상(相)은 시(是)와 같다

십여시(十如是)9)는 상(相), 성(性), 체(体), 력(力), 작

---

9) 십여시 = 법화경 방편품(法華經方便品) 중에 "부처가 성취하는 곳은 첫째 아주 드문 난해법으로 하고, 다만 부처와 부처님의 관(觀), 즉 능히 제법실상(諸法實相: 모든 사물의 있는 그대로의 실상)을 끝까지 추구한 것이다. 지옥계로부터 불계에 이르기까지 이른바 제법의 여시상, 여시성, 여시체, 여시력, 여시작, 여시인, 여시연, 여시과, 여시보, 여시본말구경"이 있다.

여시(如是)는 "이와 같다"는 뜻과 "반드시"라는 뜻이 있으며, 여(如)는 진여(眞如)이다. 진여는 변하지 않는 영원한 존재로 여기에서는 10가지(十如是)로 구분했다.

① 여시상(如是相): 모든 사물의 본래의 모습과 형태(외부)
② 여시성(如是性): 모든 사물의 본래의 성질(내부)
③ 여시체(如是體): 모든 상(相)·성(性)의 자체(본질)
④ 여시력(如是力): 모든 사물의 본래부터 있는 능력(잠재력)
⑤ 여시작(如是作): 모든 사물의 본래부터 내재한 작용(본능)
⑥ 여시인(如是因): 모든 사물의 본래부터 있었던 직접적인 원인(原因) - 제1원인
⑦ 여시연(如是緣): 모든 사물의 본래부터 있었던 간접적인 인연(因緣) - 제2원인
⑧ 여시과(如是果): 모든 사물과의 인과 연으로 생긴 결과(제1원인의 결과)

(作), 인(因), 연(緣), 과(果), 보(報), 본말구경(本末究竟)을 가리킨다.

십계(十界)로 불리는 지옥(地獄), 아귀(餓鬼), 축생(畜生), 수라(修羅), 인계(人界), 천계(天界), 성문(聲聞), 연각(緣覺), 보살(菩薩), 불계(佛界)도 저마다 십여시(十如是), 즉 10면(十面)의 진리를 증명한다.

지옥・아귀・축생・수라・인계・천계라는 미혹의 세계도, 성문・연각・보살・불계의 부처님의 깨달음 세계도 모두 십여시를 갖추고 있다.

여기에서 지옥・아귀・축생・수라(아수라)・인계・천계는 인간이 지은 업보(業報)에 따라 여섯가지 세계에 태어나고 죽는 것을 반복하기 때문에 육도윤회(六道輪廻)라고 한다. 지옥은 살아서 악한 일을 한 사람이 죄값을 치루는 세계로 가장 고통스러운 곳이다. 아귀는

---

⑨ 여시보(如是報): 모든 사물의 결과가 사실로 나타남(제2원인의 결과)

⑩ 여시본말구경(如是本末究竟): 모든 사물이 상(相)에서 시작하여 보(報)까지, 즉 제1의 상(相)에서 제9의 보(報)까지 서로 응보해서 악(惡)과 선(善)으로 나타나는 악인악과(惡因惡果)・선인선과(善因善果)로 나타나는 현상.

먹는 것을 탐하지만 목구멍이 바늘구멍 같아 음식을 먹지 못해 늘 굶주리는 세계이다. 축생은 짐승으로 태어나고, 아수라는 싸움만 일삼는 세계이고, 인계는 다시 사람으로 태어나며, 천계는 천상계이다. 성문·연각·보살·불계는 육도윤회를 하지 않는 부처님 세계의 경지를 말한다.

애초에 생물이 태어나기 위해서는 상(相), 즉 외적인 형태가 있어야 한다. 이것은 상(相)으로 시(是)와 같다는 것이다(如是相). 그 외적 성상(性相)은 가지각색이나 상(相)이라는 것은 변함이 없다.

상(相)이 바뀌면 울음소리도 다르다. 두견새는 두견새 특유의 울음소리, 휘파람새(여름철새)는 휘파람새의 울음소리를 낸다.

저마다 그 상(相)을 나타내기 위해 울음소리까지 다르므로 산 두견새나 계곡 휘파람새 등도 노래로 부른다. 하지만 모습이 바뀌면 울음소리조차 달라진다고 해석해서는 안 된다.

19. 일체중생 모두 불성(佛性)이 있다

 상(相), 즉 모습(姿)·형(形)이 있는 물체는 모두 그 속에 내적인 본체(本體)를 가지고 있다. 불성(佛性)은 어떠한 물체에도 마찬가지로 내제되어 있다. 모습·형은 저마다 부여받은 물체에 따라 다르다.
 모든 생명체는 그러한 불성을 반드시 가지고 있다는 경문(經文) 대로 지옥에 태어나도, 아귀·축생으로 태어나도 전혀 변함이 없는 불성이 각각에 부여되어 있으므로 이와 같이 경문에도 설명하고 있다.

 좌석(座席) 주변에 수많은 거울을 걸고 중심에 등(燈)을 하나 달아두면 어떤 거울에도 등이 하나씩 보인다. 등은 하나밖에 없지만 거울에는 저마다 등을 비추고 있다. 불성도 단지 하나이지만 그것이 모든 생명체, 십계(十界)의 인계·천계·불계는 물론, 아귀·축생에까지 모두 부여되어 있다는 것을 비유하여 말한 것이다.

화엄경10)(華嚴經: 부처님의 가르침을 가장 훌륭하게 드러낸 작품으로 방대한 분량의 대승경전)에 경등(鏡燈)의 비유도 이것이다.

---

10) 화엄경(華嚴經): 대방광불(大方廣佛)화엄경의 약칭이다. 부처님이 성불하신지 27일이 되던 날에 법계(法界) 평등의 진리를 증오(證悟: 대도를 깨달음)한 만행만덕(萬行萬德)을 칭양(稱揚)한 경문으로 화엄종을 비롯 법상종(法相宗)·천태종(天台宗)·선종(禪宗) 등의 소의경전(所依經典: 信行을 비롯하여 敎義的으로 의지하는 근본경전)이 되었다. 중국 동진의 불타발타라(佛陀跋陀羅, 359~429) 역 60권, 당나라의 실차난타(實叉難陀, 652~710) 역 80권, 반야삼장(般若三藏: 玄奘法師, 602~664) 역 40권이 전한다. 우리나라는 신라통일시대의 문무왕 때 의상(義湘, 625~702) 대사가 중국 당나라에 유학, 지엄(智儼) 선사에게 화엄경을 수학하고 귀국후 왕명으로 경북 영주에 부석사(浮石寺)를 창건하고 화엄경을 강설하므로 화엄종의 창시자가 되었다. 대한불교조계종의 소의경전은 금강경(金剛經)과 더불어 전등법어(傳燈法語: 법을 전하였던 많은 법어)로 하고 있다.

20. 본체는 쇠퇴하지 않는다

체(體)는 법체(法體) 즉 물체(物體) 자체, 물체의 본체(本體)를 가리킨다. 어떠한 일에도 체용(體用), 곧 근본(根本)과 작용(作用)이라는 것이 있다. 상(相)은 본체(本體)에서 태어나서 마지막에 이르면 사라지고 만다. 하지만 본체(本體)는 사라지지 않는다.

눈과 얼음은 용(用)이며, 물은 체(體)라 할 수 있다. 물이 얼어 얼음이 되고, 또 녹아서 물이 된다. 또 수증기로 구름이 되고 삼라만상(森羅萬象)을 키우고 기르는 비가 되어 내린다. 비와 물은 본체(本體)이다.

이 예는 본체에서는 다양한 형상의 상(相)이 새로 생기지만 결국 본체(本體)는 저절로 나타난다는 것을 비유한 것이다.

일반인에게는 상(相)으로 나타난 모습밖에 보이지 않

는다. 보통 본체(本體)는 볼 수 없다. 그래서 상(相)이 생길 때에 나타난다고 한다.

하지만 부처님의 길을 수행하여 높은 곳에 도달한 경우는 본체로 돌아와 일반적으로 눈에 보이지 않는 부분이 저절로 나타나는 것이다.

"산봉우리의 눈과 심산의 얼음이 녹아서, 봄의 물이 산기슭을 졸졸 흐르고 있네"라는 시는 물의 본체를 노래로 부른 것이다.

21. 공(功)을 행하는 것이 힘(力)

상(相)과 성(性)과 체(體)를 갖추고 있더라도 힘(力)이라는 것이 없으면 안 된다. 충분히 공(功)을 행하는 힘(力)이므로 모든 일을 하는 능력이 된다. 아무 것에도 의지하지 않고 공(功)을 행하는 것은 힘(力)이다.

여름 산에 나무들 잎이 무성한 가운데 연중 변하지 않는 소나무 잎을 특히 예로 들어 노래로 읊은 것은, 차가운 서리와 눈이 내리더라도 잎 색깔이 변하지 않음을 겨울의 차가움에 굴하지 않는 지조로 보고 힘(力)에 의한 것으로 이해하기 때문이다.[11]

---

[11] 그것은 이조(李朝) 7대왕 세조(世祖) 때의 사육신의 한 분인 성삼문(成三問, 1418~1456)의 시조와 같다.
이몸이 죽어 가서 무엇이 될꼬하니 / 봉래산 제일봉에 낙락장송되었다가 / 백설이 만건곤할제 독야청청하리라.

22. 작(作)과 인연(因緣)과 과(果)

 힘(力)에 의해서 저마다가 동작(動作)으로 나타내는 것을 작(作: 지음·만듦)이라 한다. 오늘 하나의 글자를 배우고 내일도 하나의 글자를 배우듯이 매일 끊임없이 배우면 어떠한 일이라도 이룰 수 있다.「천리 길도 한 걸음부터」라는 것은 작(作)의 마음을 표현한 것이다.
 상(相)·성(性)·체(體)·역(力)·작(作)의 모든 것을 갖추고 있으면, 어떠한 일을 끝까지 해내는 것도 마음 먹은 대로 할 수 있다. 하지 않는 것은 자기 자신에게 책임이 있다. 왜 행하려 하지 않고 가만히 있는가. 그렇게 되면 인연(因緣)이 닿지 않으므로 안되는 것이다. 인(因)이라는 글자는 '의지한다(依也)'는 글자이기도 하다. 의지한다는 그 일로 인해 이러저러한 일에 원인(原因)이 된다는 의미이다.
 봄에 종자를 흙에 뿌리는 것을 인(因)이라 한다. 종자를 뿌렸다고 하더라도 비·서리 등의 도움이 없으면 싹도 튀우지 못하고 생장도 할 수 없다. 비와 서리의 도움을 연(緣)이라고 한다. 봄에 뿌린 종자인 인(因)이 비와 서리의 도움으로 얻게 되는 연(緣)에 의해서 생장(生長)하고 가을에 열매를 맺는 것을 과(果)로 보는 것이다.

"생각을 깊이하고 더 이상 어떻게 할 수 없을 정도로 불타올라, 화살나무(錦木)12)를 천 다발 세우더라도 맺고 싶은 심정이어라"고 노래하며, 화살나무를 세우는 마음은 부부(夫婦)가 되겠다는 인(因)이다.

중매하는 것을 연(緣)이라 하며, 마침내 결혼하여 아이를 낳고 가정을 이루고 번영하는 것을 과(果)에 비유한다.

---

12) 화살나무(にしきぎ) : 화살나무과의 쌍떡잎 낙엽관목이다. 옛날 일본의 오슈(奧州: 지금의 후쿠시마;福島・미야기;宮城・이와테;岩手・아오모리;青森의 4개현) 풍속에 남자가 여자를 만나고 싶을 때 여자의 집 문에 화살나무를 세우는 일이 있었다고 한다. 여자가 여기에 응할 때는 이것을 집안에 들인다. 집안에 들이지 않으면 남자는 다시 화살나무를 세운다. 이것을 천 다발을 한도로 하여 추가하였다고 한다. 한국에서 이 나무를 회잎나무라고 하며 당뇨병・위암・식도암의 약제로 쓰고, 산후피멎이약・대하・어혈제로 쓰기도 하며, 열매는 고아서 고약을 만들어 피부약으로 썼다고 한다.

23. 인연화합이라는 것

 이와 같이 부처(佛陀)가 되기 위해서는 먼저 인(因)을 행하지 않고서는 성불(成佛)할 수 없다. 인(因)의 수행(修行)을 쌓은 후에 과(果)로서 성불한다.
 과(果)라는 글자에는 과(菓: 과실), 즉 나무의 열매라는 의미가 있다. 봄에 심은 인(因)에 의해 가을의 열매(果實)를 얻기 때문에 이것을 부처님의 깨달음(悟)·성불(成佛)에 비유한다.
 과(果)는 결과, 곧 원인(因)으로 말미암아 생기는 일체의 법(法)을 말한다.
 연(緣)은 인(因)을 도와 과(果)를 낳게 하는 것이다.
 "출항하는 배는 벌써 와다(和田)의 곶(串, 岬)을 지나니 무코(武庫)의 산바람이 순풍이 되어"라는 노래가 있다.
 이 중에 배는 인(因), 바람은 연(緣)이라 할 수 있다. 그리고 맞은 편 연안에 도착하는 것은 과(果)이다.

배가 없이는 맞은 편 연안에 도달할 수 없다. 배(丹)가 있더라도 바람(風)의 도움이 없으면 배는 역시 목적지에 도착할 수 없다. 이것을 인연화합(因緣和合)이라 한다. '무코(武庫)의 산풍(山風)'을 연(緣)이라 하지만, 부처(佛)가 되기 위해서도 인(因)의 수행(修行) 없이는 될 수가 없다.

"이키(生)의 해변에 심은 배나무에 가지와 잎이 무성하여 열매가 달리듯이 잘 되던 못되던 어쨌든 부부의 언약을 맺는다"는 노래가 있다.

심은 배나무는 인(因)이며, 심어 놓고 늘 보던 배나무 가지의 배, 이것이 과(果)이다.

불과(佛果)를 얻는 것, 즉 수행하여 부처님의 깨달음에 이르는 것은 배나무를 심고 열매를 얻는 것의 비유이다.

불도(佛道)를 닦는 것은 좋은 곳에 태어나려는 것에 있지 않고 육도윤회(六道輪廻)의 고리에서 해탈하여 부처가 되는 것에 있다고 한다.

24. 업보(業報)라는 것

업보(業報)는 전세(前世: 현세에 태어나기 전의 세상)에 지은 죄에 대해 치러야 하는 죄값을 말한다. 그러나 덕(德)을 쌓으면 좋은 업보를 얻게 되는 것이다.

"그렇게 고통스러워하는 마음, 그대도 언젠가 사랑해 보면 내 기분을 잘 알 수 있으리니 그때까지 기다리리" 라는 연가(戀歌)가 있다.

나 자신을 그토록 괴롭히던 당신도 언젠가 사랑을 하게 될 것이다. 언젠가 나처럼 이런 생각을 깊이 실감(實感)하고 맛보게 될 것이다. 그 때 당신이 한 짓이 얼마나 심하였다는 것을 알게 될 것이다. 그것이 업보(業報)이다.

업보(業報)라는 것은 이 세상에 좋은 일을 하면 다음 세상에는 좋은 업보가 오고, 나쁜 일을 하면 나쁜 업보가 온다는 것, 이것이 업보이다.

좋은 인(因)이 있으면 좋은 과(果)를 얻고, 나쁜 인(因)에 의해서 나쁜 과(果)를 얻는 것이다.

소리에 의해 음(音)이 울려 퍼지는 것과 마찬가지이다. 그림자가 물체에 바싹 달라붙어 있는 것과 마찬가지이다.

평생에 행한 인(因)이 일생이 끝난 후에 과(果)가 되는 것은 당연하다.

현재의 인(因)이 현재의 과(果)가 되고, 과거의 인(因)이 현재의 과(果)가 되고, 다시 현재의 인(因)이 미래의 과(果)가 되듯이 전세(前世)·후세(後世)를 통하여 또 빠르든 늦든 결국 피할 수 없다.

인(因)과 과(果)는 동시에 나타난다고도 한다. 그것은 꽃을 인(因)으로 하고 열매를 과(果)로 보면, 참외나 오이는 한쪽은 꽃이 피어있고 같은 줄기에 이미 열매도 맺혀 있다. 벼 등은 맺힌 벼 위에 꽃이 피는 경우도 있다. 이러한 예를 가지고 비유한 것이다.

25. 본말구경(本末究竟)이라는 것

본말구경(本末究竟)은 첫 상여시(相如是)에서 끝의 보여시(報如是)까지의 본말(本末), 즉 처음과 끝이 다르지 않고 빙글빙글 돌아서 10회째가 되는 것이다.

구경(究竟)이란 것은 어떤 과정이나 사리(事理)의 마지막 최후 부분을 말한다.

십계(十界: 인과응보의 정도에 따라 나누는 열 가지 경지)는 말할 필요도 없다. 생명이 있는 모든 것, 작은 벌레까지 모두 이 십여시(十如是)를 갖추고 있지 않는 것이 없다. 생명체뿐만 아니라 생명이 없는 것도 마찬가지이다.

본말구경(本末究竟)의 본(本)이란 선악(善惡)간의 근본(根本)을 뜻한다. 말(末)이란 마찬가지로 선악(善惡)간의 종말(終末)이다. 선악(善惡)의 근본(根本)을 깨달아 구경(究竟), 곧 마지막의 고비에 이른다는 뜻이다. 선인선과(善因善果) 악인악과(惡因惡果)이다.

26. 초목의 슬픔을 사람이 알지 못한다

밤(栗)과 감(柿)의 열매에 비유하여 이야기하는 바, 밤과 감에는 고통도 슬픔도 없다고 하는 것은 인간이 겉만 보고 생각한 것이다.

밤(栗)과 감(柿)의 몸은 고통도 슬픔도 자연스럽게 갖추어진 것처럼 보인다.

초목(草木)이 고통스러워하는 모습은 인간이 고통스러워하고 걱정하고 있는 모습과 조금도 다르지 않다.

물을 초목에 끼얹어 생생할 때 기쁜 듯한 모습을 볼 수 있다.

초목을 자르면 넘어져 잎이 말라가는 것은 사람이 죽어가는 모습과 조금도 다를 바 없다.

하지만 풀과 나무의 고통과 슬픔을 인간은 알려고 하지 않는다.

인간이 풀과 나무의 고통과 슬픔을 알지 못하듯이 풀과 나무도 또한 인간이 슬퍼하는 모습을 보면서도 인간에게는 고통도 슬픔도 없다고 생각한다.

우리들은 초목의 일을 전혀 모르며, 초목도 우리들의 일을 알지 못하는 그저 그 정도의 일이다. 이것은 유학(儒學)의 서적에도 기술되어 있다.

여기에서 유학(儒學)이란 중국의 공자(孔子, 이름은 丘, 자는 中尼, BC 551~479)가 그의 제자들에게 가르침을 베풀고 펼친 사상으로, 인(仁)과 예(禮)를 근본개념으로 하여 수신(修身)에서 비롯하여 제가(齊家), 치국평천하(治國平天下)를 이루는 실천과제의 학문이다.

27. 이해(理解)할 수 없는 것은 없다고 말한다

식물(植物)이 자라고 있는 곳의 북편에 담장과 방벽 따위를 설치하면 그 식물은 가지를 남쪽으로 뻗어간다. 그것을 보더라도 식물에게는 눈이 없어도 방해물을 느낄 수 있는 힘을 가지고 있다는 것을 알 수 있다.

밤에는 잠을 자고 낮에는 꽃을 피우는 백합꽃의 비유도 있으나 백합뿐만 아니다. 모든 초목 가운데 하나를 택하여 예로 보더라도 이 도리(道理)에 맞지 않는 것은 없다.

관심을 가지고 보지 않기 때문에 알지 못하는 것이다. 초목(草木)에 이르기까지 모든 것을 알 수 있는 것은 성인(聖人) 정도의 지혜를 가지고 있다면 가능하다. 대충 저속한 마음가짐으로는 알려고 해도 도저히 알 수 없다.

마음이 있다, 없다의 구분법은 애당초 필요 없는 것

이다. 모든 물체(物體)에 마음이 없다고는 할 수 없다. 단지 마음의 형태, 표현법(表現法)이 다르기 때문에 그것을 이해하지 못하고 없다고 하는 것 뿐이다.

닭은 추워도 나무 위에 오르고, 오리는 추워도 물에 들어간다고 한다.

그러면 오리가 추울 때에 물에 들어가는 것은 오리에게는 추위를 느끼지 못하기 때문이라 하고, 닭은 추울 때도 나무에 오르기 때문에 닭도 추위를 느끼지 못하기 때문이라고 생각하는 것과 마찬가지이다.

물(水)은 차가운 것이 본체(本體 : 本性)라 하고, 불(火)은 뜨거운 것이 본체라 한다. 그렇다면 불의 입장에서 물을 보면 물은 뜨겁지 않기 때문에 본체가 없는 것이 되고, 반대로 물의 입장에서 보면 불에는 차갑지 않기 때문에 본체가 없다고 할 수 있으나, 실은 피차 자체가 본체(本體 : 本性)로서 본체가 없다고는 말할 수 없는 것이다.

28. 시야가 좁으면 있는 물체도 보이지 않는다

　어떤 것에도 의존하지 않고 자세히 주의를 기울여 보면 세상의 물체(物體)는 아무 것도 변한 것이 없다. 변했다고 생각하는 것은 시야(視野)가 좁기 때문이다.

　한 그루 나무의 가지와 잎이 무성하여 후지산(富士山, 3,776cm로 일본에서 가장 높은 산이며, 시즈오카현 북동부와 야마나시현 남부에 걸쳐 있다)을 가리어 우리들에게 보이지 않는 것과 마찬가지이다. 후지산은 한 그루 나무에 가려질 정도로 작지 않다. 단지 우리들의 시야가 좁기 때문이며, 나무 가지가 우리들의 시선(視線)을 방해하여 이전에 보이던 후지산을 보이지 않게 한 것 뿐이다.

　물체(物體)의 도리를 알지도 못하고 가끔 지자(知者)가 말하는 것을 '그것은 틀렸다'는 등 박식한 체하는 얼굴로 지자(知者)를 바보로 만들고 비웃는 것처럼, 도리어 자신이 비웃음거리가 되었다는 사실을 진정으로 알고 있는 사람은 달리 생각할 것이다.

  지금 세상의 모습을 주의깊게 보기 바란다. 땅은 어머니요 하늘은 아버지이다. 밤(栗)과 감(柿)의 씨앗을 땅 속에 심으면 싹이 트고 머지않아 원래의 밤과 감과 꼭 같은 모양의 열매가 달린다.
  그것은 하늘과 땅이 양육하기 때문이다. 땅 속에 묻힌 것은 딴 곳에서 들어 온 것임에도 불구하고 하늘과 땅이 키우는 것이다.
  인간에 있어서 어머니는 땅과 같은 것, 아버지는 하늘과 같은 것이라는 사실은 변함이 없다. 아이(자식)란 밤(栗)이나 감(柿)처럼 딴 곳에서 들어 온 귀한 손님 같은 것이다.

29. 중유(中有)라는 것

중유(中有)13)는 현세에 살아 있는 물체(物體)를 생각하는 것과 조금도 다름이 없는 물체로 생각한다. 그러므로 현세(現世)에 살아 있는 것을 생존(生存)이라고 한다.

현재의 생(生)이 다하면 중유(中有)가 된다. 현세의 신체는 사라지지만 아직 환생(幻生: 還生)하지 않은 그 사이를 중유(中有: 불교의 사유: 四有의 하나로 사람이 죽은 뒤 다음에 태어날 때까지의 49일 동안을 말하며,

---

13) 중유(中有) : 불교의 사유(四有)의 하나이다. 다른 삼유(三有)를 살펴보면, 모태에 생명을 의탁하는 찰나의 존재를 생유(生有)라 하고, 태어나서 죽기까지를 본유(本有)라 하며, 수명이 다하여 이승에서 목숨이 다하여 끊어지는 찰나(刹那)를 사유(死有)라 한다.

여기에서 찰나라고 하는 것은 지극히 짧은 시간을 말한다. 또 생각이 스치는 한 순간처럼 짧다는 뜻으로 일념(一念)으로도 말하며, 어떤 이는 시간의 단위로 말하여 75분의 1초 정도라고 한다.

중음: 中陰이라고도 한다)라 부른다.

중유에서 다시 새로운 생(生)을 받고 환생하면 이것을 후유(後有는 생유:生有와 본유:本有 둘 다 이른다)라고 한다. 중유이든 후유이든 현재 생에 있어서의 마음과 조금도 다르지 않다.

중유에도 신체(身體: 物體)가 있다. 하지만 그것은 매우 희미하여 인간의 눈으로는 볼 수 없다. 집착이 강한 사람의 중유가 인간의 눈에 보이는 경우가 더러 있다. 세상에는 종종 있는 이야기이나 당연한 일이 아니기 때문에 사람은 그 체험을 의심한다.

"아마 여우가 너구리로 변신하였을 것이다"라고 하거나, "너무나 마음에 두고 있었기 때문에 뭔가를 잘못 보았지만 마음에 남아 있어서 죽은 사람의 모습으로 보인 것이라고 생각했을 것이다" 등으로 이야기한다.

30. 염력(念力)의 불가사의

중유(中有) 중에는 정말로 여우와 너구리로 변한 경우도 있으며, 기분 탓으로 잘못 보았을 수도 있다. 하지만 전부가 다 그렇다고는 할 수 없다. 정말로 죽은 사람의 모습이 보이는 경우도 세상에는 더러 있다.

사람들이 체험을 이야기할 뿐만 아니라, 훌륭한 지식을 가지고 살아 온 사람이 기록으로 남기고 있다. 기록한 사람 정도의 지식(知識)과 견식(見識)을 가지고 있지 않으면 흔히 의심하는 것이라고 알기 바란다.

꿈의 세계에는 눈으로 보고 귀로 들을 수 없음에도 아련히 만난 사람의 모습이 보인다. 서로 이야기도 주고받고, 소리도 들리고, 물체의 색(色)도 보이고, 게다가 남녀의 모습 등 항상 자신이 바라고 있던 것이 지금도 이루어질 것 같이 잠 속에서 지각(知覺)되는 것이다.

깨어나서 비로소 '아 꿈이었구나'라고 깨닫는 것으로,

꿈을 꿀 때 '이것은 꿈이다, 실제상황이 아니다'라는 따위로 조금치도 생각되지 않는 것이다.

꿈이라는 것은 아직 현실(現實)에 자신의 신체가 살아 있고, 그 신체 자체가 묶여 있기 때문에 실제로는 가고 싶은 곳으로 갈 수 없기 때문에, 의지(意志)로 가고 싶은 장소를 자신의 곁으로 끌어들인 것이다.

정말로 죽으면 자신의 육체를 떠나기 때문에 밧줄에서 탈출한 고양이처럼 가고 싶은 곳 어디에도 갈 수 있다. 꿈 속의 의지와 마찬가지로 자유롭게 가고 싶은 곳으로 가는 것이다.

이를테면 깊은 어두움 속에서도 문과 창문이 닫힌 곳으로도 자유롭게 드나들 수 있다. 이것은 물체(物體)가 아니기 때문이다. 형태(形態)는 있지만 육체(肉體)가 아니기 때문에 물에 비치는 그림자나, 등불·달 따위 빛으로 생기는 그림자와 같은 것이기 때문에 어떤 물체에도 방해받지 않는다.

현실에 살고 있는 경우에, 자신의 신체(身體)가 방해

물이 되어, 깊고 깊은 궁궐에 들어갈 수 없어도 그 안에 살고 있는 사람에게 마음을 전할 수 있다.

마찬가지로 은산(銀山)·철벽(鐵壁)에 가로 막히더라도 그것을 관통(貫通)하는 것이 염력(念力), 곧 의지(意志)의 힘인 신력(信力)이 있기 때문인 것이다. 이 불가사의(不可思議)는 일반인으로서 좀처럼 이해할 수 없는 것이다.

보통 염력(念力)이라 할 때 인간의 의지·정성·신앙 등에 의하여 생기는 초능력을 말한다. 이는 불교수행 오력(五力)의 하나이다.

여기에서 오력(五力)이란 불교수행에 필요한 힘을 말하는 바, 신력(信力: 부처를 믿음으로 생기는 힘)·진력(進力: 선행을 닦을 때 정진하는 힘)·염력(念力: 생각을 바로 하여 사특한 생각을 버리는 힘)·정력(定力: 번뇌를 없애고 마음을 한 곳으로 쏟는 힘)·혜력(慧力: 정미한 지혜를 발하는 힘)을 이른다.

31. 알지 못하고 의심하는 어리석음

　세존께서는 이것을 분명히 알고 계셨다. 그러나 일반인들은 이것을 알지 못한다. 알지 못하기 때문에 의심하는 것이다. 참으로 어리석은 일이다.

　자신이 알지 못하는 것이 이 세상에 얼마나 많은 것일까? 알지도 못하는 것이 엄청나게 많은 데도 자신이 알지 못하는 것을 모두 없다고 말하는 것이다.

　100가지 중에 10가지밖에 알지 못하는 자가 그 이외의 일에 대해서는 그것은 전부 없는 것이라고 말한다. 그러면 90가지는 모두 없는 것이 된다.

　그것에서 15가지의 일을 더 알면 앞에 없다고 한 것 중의 90가지 가운데에서 더 있었다는 것을 알게 된다.

　100가지 중에 20이나 30가지를 알고 있는 사람이 없다고 한 것이 70, 80가지로 줄어든다.

　100가지 중 60이나 70가지를 알고 있더라도 남은 30가지나 40가지는 마찬가지로 없는 것이 된다. 이렇게 말하는 사람은 100가지의 전부를 알면 더 이상 자신은 알지 못하는 것이 없다고 생각하나, 그것 또한 너무나 아무것도 모르기 때문에 하는 말이다. 지각(知覺: 감각 기관을 통하여 외부의 사물을 인식하는 작용)이 미치지 못하는 것이 너무 많기 때문이다.

  하나씩이라도 확실하고 명확하게 알아나가면 무슨 일이든 알 수 있다. 그 누구라도 알면 없다고는 말하지 않으나 어쨌든 알지 못하기 때문에 이렇게 없다고 하는 일이 생긴다.

  매우 순수한 사람은 잘 믿기 때문에 마침내 원래부터 있는 그대로를 알게 되는 것이다. 도리어 생각이 얕은 자가 영원히 알지 못하는 것과 같다.

32. 중유(中有)는 오관(五官)을 의식으로 감득(感得)한다

　중유(中有) 기간(期間)에는 오근(五根)14)이 없다고 한다. 중유 때는 현재 세상에 살고 있는 자의 오근을 제6식(第六識)15), 즉 의식(意識)으로 옮겼기 때문이다. 이 시기에는 오근의 형태(形態)는 없으나 오근의 능력(能力)은 가지고 있다.

　제6식은 의식(意識)이다. 의식에는 형태가 없으나 보거나 듣는 능력이 있기 때문에 꿈 속에서 눈으로 보고 귀로 듣지 않더라도 다른 형태(形態)로 보거나 듣는다. 어떠한 형태가 없는데도 어디까지나 사물을 인식하기

---

14) 오근 = 눈(視覺), 귀(聽覺), 코(嗅覺), 혀(味覺), 몸(觸覺)의 5가지 감각을 말한다. 이것을 오관(五官)이라고도 한다.

15) 제6식 = 6식이란 색(色), 성(聲), 향(香), 미(味), 촉(觸), 법(法)의 육경(六境)을 지각하는 안식(眼識), 이식(耳識), 비식(鼻識), 설식(舌識), 신식(身識), 의식(意識)을 말하고, 제6식은 6번째에 해당하는 의식(意識)을 가리킨다.

때문에 식(識)이라고 한다.

형태가 없기 때문에 알지 못한다고 한다면 단지 보든지 듣는다고 하면 된다. 견문(見聞: 보고 들음)을 식(識)에서 보면 2단(二段, 병법의 자세, 곧 마음의 자세)이 된다. 오근의 형(形)을 버리고 식(識)이 그 능력을 가지고 있다.

그러므로 중유(中有)에 오근(五根)이 없다고 하더라도 오관(五官)에 의해 알게 되는 것은 현재의 세상에 살아있는 것과 다름이 없다. 다만 다른 사람에게는 보이지 않을 뿐이다.

본인(本人)으로서 보면 현생(現生)에서 아는 것과 마찬가지이다. 형태가 결코 없는 것은 아니지만 너무나 희미하기 때문에 잘 보이지 않는다.

새가 하늘로 날아가는 것을 보고 있으면 멀리 갈수록 희미해져 "아, 아"라고 생각하는 사이에 놓쳐 버린다. 하지만 이 새의 형태가 없어진 것은 아니다. 희미하기 때문에 보이지 않을 뿐이다.

33. 이 몸은 무시(無始)의 일념(一念)에서 태어났다

형태가 희미하고 확실하게 보이지 않기 때문에 인간에게는 중유(中有)가 보이지 않는다. 죽은 사람은 지금까지 살아오듯이 산 사람을 보지만, 살아 있는 사람은 이것을 알지 못한다.

죄가 많은 중유(中有)는 형태로 나타난다. 사람은 이것을 어느 사이에 보고 유령(幽靈) 따위라고 한다. 자주 있는 일이다. 생각하는 마음이 강하면 형태도 뚜렷해진다.

이것은 약(藥) 따위 다양한 물체를 달여서 짜낸 즙과 같은 것이다. 연한 것은 즙도 연하다. 진한 것은 즙도 진하여, 이것은 무엇을 짠 즙이라는 것을 분명히 알 수 있다. 아주 연한 즙은 마치 물과 같다. 물과 똑 같기 때문에 짜낸 즙인데도 사람은 이것에 눈치 채지 못하고 그저 물이라고 생각한다.

중유(中有)라도 생각하는 마음이 강하면 형태가 나타난다. 연한 것은 그저 공기와 같기 때문에 사람에게는 보이지 않는다. 살아 있는 사람은 보지 못하더라도 죽은 자는 뚜렷이 이쪽을 보고 있다.

이와 같이 살아 있는 자는 형태가 있기 때문에 보이고, 중유(中有)는 형태가 희미하기 때문에 살아 있는 자에게는 보이지 않는다.

명의집(名義集)16) 속에는 보리알(麥粒)에 비유하여 이와 같이 말하고 있다.

"보리알은 싹을 틔우고 생장(生長)하여 원래의 보리알이 되는 능력을 갖추고 있다. 그렇지만 이것이 물과 흙과 화합하지 않으면 다시 보리알이 되지 못한다."

앞에서도 언급하였듯이 인간의 식(識: 사물을 분별하는 인식작용)과 출생(出生)·생장(生長)해 가는 능력이 결합하여 다양한 의지(意志)가 생겨난다.

---

16) 명의집: 송나라의 소주(蘇州)에 있던 경덕사(景德寺)의 고승 법운(法雲: 1088~1158)이 산스크리트어로 한역(漢譯)한 불교경전이다. 우리나라의 번역명의집은 보물 제1369호로 지정되어 있다.

의지(意志)에서 또 다시 많은 의지가 생겨나고 그 의지의 힘에 이끌려 현재의 모습으로 태어난다. 보리알이 땅에 떨어져 싹이 나서 자라서 많은 열매가 맺어지는 것과 다름 아니다.

결코 하늘에서 무엇인가가 떨어지거나 땅에서 솟은 것 같이 생각지 못한 것은 아니다. 시작도 없는 의지(意志)의 강한 힘에 의해 시작되어 다양한 형태를 가진다.

근원(根源)을 깊이 파고들면 시작도 없는 의지가 있으며, 또 어떠한 근거(根據)도 없다는 것을 알 수 있다.

아무런 근거도 없이 모든 물체가 생기는 것, 이것을 묘(妙)라고도 한다. 신묘막측(神妙莫測)한 것이다.

신묘막측이란 '신기하고 오묘해서 헤아릴 수 없음'을 이른다. 막(莫)은 불(不)과 같은 뜻이며, 신묘불측(神妙不測)으로 통용한다.

제3편

태아기(太阿記)

나라의 다이안지(大安寺)

1. 달자(達者)는 승부를 겨루지 않는다

"'대저' 달자(達者)는 승부를 겨루지 않고, 강약에 구애받지 않고, 한 발을 나아가지 않고, 한 발을 뒤로 물리지 않는다. 적이 나를 보지 않고, 내가 적을 보지 않는다. 천지미분(天地未分: 천지가 나눠지지 않았던) 때 음양(陰陽)이 미치지 않았던 곳에 철저히 하고, 즉시 공력(功力)을 닦아야 한다."

위의 문장에서 '대저(蓋)'는 자세히 알지 못하지만 아마도 '이러하다'의 대체적인 추정의 의미이다. 원래 이 글자는 뚜껑(蓋: 덮을개)이라는 의미의 '덮는다'는 글자이다.

찬합에 뚜껑을 닫으면 안에 무엇을 넣었는지 모르지만 상상하여 10개 중에 6, 7개는 맞힐 수 있다. 즉 정확하게는 잘 알지 못하지만 '이러한 것'이 들어있지 않겠는가라고 할 때에 이 글자를 사용한다.

여기에서도 실지로 알지 못하지만 '이럴 것'이라는 뜻

으로 결정적인 것은 아니라는 표현(表現)을 하고 있는 것이다.

하지만 만일 잘 알고 있는 경우에는 한 걸음 뒤로 물러나서 겸양의 형태로 이 단어를 사용하여 득의양양(得意揚揚: 뜻을 얻어 자랑스러워 함)한 표현을 하지 않는 것이 문장작법(文章作法: 글을 짓는 방법, 또는 글의 표현 방법)이다.

병법(兵法)의 달자(達者: 達人)란 글자가 표현하는 그대로이다. '승부를 겨루지 않고 강약에 구애받지 않는다'는 것은 승패를 겨루지 않고, 작용(作用)의 강하고 약한 것에 구애받지 않는다는 뜻이다.

'한 걸음을 내디디지 않고 한 걸음을 뒤로 물리지 않는다'는 것은 한 걸음도 내디디지 않고 한 걸음도 뒤로 물리지 않고 가만히 그 자리에서 상대(相對)에게 이기는 것이다.

2. 참나(眞我)의 나

 상대(相對: 敵)가 나를 보지 못하는 나란 참나(眞我)의 나로서 남(他人)과 나(人我), 즉 일반인이 가지고 있는 나(人我)가 아닌 것이다.
 나(人我)의 나는 사람에게 완전히 간파되어 버리지만, 참나(眞我)를 꿰뚫어 볼 수 있는 사람은 좀처럼 드물다. 그래서 적(상대)은 나를 볼 수 없는 것이다.
 내(人我)가 적(상대)을 보지 못한다는 말은 참나(眞我)의 나에 의존해 물체를 보지 않기 때문에 적이 이용하려고 하는 나(人我)에 의존해 병법(마음)을 보려고 하는 것이다.
 적(상대)을 보지 않는다고 해서 눈앞의 적(상대)의 모습이 보이지 않는 것은 아니다. 적(상대)의 모습을 보면서 그 병법(마음)을 보려고 하는 여기에 묘(妙)가 있는 것이다.
 그러면 참나(眞我)의 나란 무엇인가? 이것은 하늘과

땅이 아직 나눠지기 전, 부모도 태어나기 훨씬 전에서 부터 존재하는 나(眞我)이다.

이 나(眞我)는 나(人我)에게도 있으며, 새・짐승・풀・나무 등 모든 것에 있는 나(眞我)이다. 이른바 불성(佛性)을 말하는 것이다.

그러므로 이 나(眞我)에게는 그림자도 없으며 형태도 없다. 생(生)도 사(死)도 초월한 나(眞我)이다. 오늘날 우리들의 눈으로 볼 수 있는 나(人我)가 아니기 때문에 평소에는 보이지 않는다.

다만 부처님의 길을 끝까지 추구한 사람만이 볼 수 있다. 이 나(眞我)를 볼 수 있는 사람을 견성성불(見性成佛)[1]한 사람이라고 한다.

옛날 싯타르타가 설산에 들어가 6년의 고행 끝에 부처가 되었다. 이것은 참나(眞我)를 깨달았다는 것이다.

---

1) 견성성불 : 자기가 본래 갖추고 있는 불성을 깨달아 부처가 된 것이다. 자기에 집착하거나 또 외부의 물체에 집착하는 마음을 깊이 성찰하고, 자기의 본성은 아무것도 아니라는 부분까지 자기의 마음을 끝까지 추구한 때에 그 몸은 그대로 부처가 되는, 즉 깨달음을 얻는다.

그 점은 보통의 인간들이 신앙의 힘을 가지고 있더라도 6, 7년으로 이룰 수 있는 것이 아니다.

부처님의 도를 배우고 노력하는 사람이 10년, 20년 동안 조금도 게을리 하지 않고 큰 신앙의 힘을 피어오르게 하고, 가르침을 배워서 고통과 괴로움을 마다하지 않는 그야말로, 아이를 잃은 부모가 자식을 찾으려는 필사적인 심정으로 자기 의지(意志)를 굳건히 하고, 신중하게 성찰하고, 추구(追求)에 추구를 거듭하고, 마침내 불견(佛見)도 법견(法見)도 끝까지 추구하여 도달한 후에야 자연스럽게 이것을 볼 수 있다.

하늘도 땅도 혼돈스럽고 아직 나뉘지 않았던 천지개벽(天地開闢)의 초기, 음(陰)도 양(陽)도 아직 만들어지기 이전의 것이므로, 참지식(眞識)으로 이해하려 하지 않고 그저 그런 대로 바라보는 마음가짐으로는 참나(眞我)를 깨달을 수 없다. 그렇게 하지 않으면 큰공(大功)을 세울 때가 와도 얻지 못한다.

3. 도리에 통달한 사람이란

 병법(兵法)의 도리(道理)에 통달(通達)한 사람은 칼을 이용하여 사람을 죽이지 않고, 칼을 이용하여 사람을 살린다. 죽이는 것이 필요하다면 즉시 죽이고, 살리는 것이 필요하다면 즉시 살린다(要殺卽殺, 要活卽活). 살리는 것도 죽이는 것도 자유이다(殺殺三昧, 活活三昧也).
 위에서 '삼매(三昧)'란 산스크리트어 'samadhi'의 음역어로, '잡념을 버리고 한 가지 대상에만 정신을 집중하는 경지(三昧境)'이다.
 사람들은 시비(是非)를 가리지 않는다고 하고 자주 시비를 가리고, 분별(分別)을 하지 않는다고 하고 자주 분별을 일삼는다. 물을 밟는 것은 땅을 밟는 것과 같고, 땅을 밟는 것은 물을 밟는 것과 같다. 만일 이런 자유를 얻는다면 모두 대지(大地)의 사람에게 달리 어찌하지 못한다. 견줄 자가 없는 것이다.
 통달(通達)한 사람이라 할 때 여기에서는 병법에 통

달한 사람, 달인(達人)을 의미하며, 칼을 이용하여 사람을 죽이지 않는다는 것은 칼을 사용하여 사람을 죽이지는 않지만 누구라도 달인(達人)의 체득한 도리(道理) 앞에서는 자연스럽게 몸도 마음도 움츠러져 죽은 사람처럼 되기 때문에 사람을 죽여야만 하는 따위가 없다는 것이다.

칼(達人之道)을 이용하여 사람을 살린다는 것은 칼(道理)을 사용하여 사람을 다루면서 적(상대)을 마음대로 움직이게 하고, 그것을 바라는 생각대로 되게 하는 것이다.

죽이는 것이 필요하다면 즉시 죽이고, 살리는 것이 필요하다면 즉시 살린다는 것은 살리는 것도 죽이는 것도 자유자재로 할 수 있기 때문에 구태여 죽일 이유가 없다는 뜻이다.

시비를 가리지 않는다고 하고 자주 시비를 가리고, 분별을 하지 않는다고 하고 자주 분별을 일삼는다는 것은 병법상(兵法上)에서 옳은가 그른가를 보지 않고, 충분히 잘 잘못을 가리고 분별하지 않고서 생각없이 자주 분별한다는 것이다.

  비유해서 말하면 여기에 한 개의 거울을 두었다고 가정한다. 그러면 그 앞에 놓인 물건은 어떠한 물건이라도 각각의 모습이 비춰지고, 비춰진 거울을 보면 각각의 모습으로 보인다.

  하지만 거울에는 마음이 없기 때문에 물건의 형태는 저마다 비치고 있으나, 달리 이것은 둥글(圓)기 때문에 둥글고, 사각(四角)이기 때문에 사각으로 비추고 있다는 생각을 구분하고 있지 않다는 것이다.

  병법을 사용하는 사람도 일심(一心)으로 마주(直面)한다면 달리 이것은 좋고 나쁘다는 것을 나누어서 생각하는 따위의 마음은 생기지 않는다. 하지만 혼란이 없기 때문에 잘 잘못을 보지 않고 생각하지 않고도 잘 알고 있다.

  물을 밟는 것은 땅과 같고 땅을 밟는 것은 물과 같다는 의미는, 인간이라고 하지만 본성을 명확히 알고 있는 사람이 되지 않으면 안 된다는 것이다.

  어리석은 자는 땅 위를 걸어도 물 위를 걷는 것과 같

다고 한다면, 땅 위를 걷더라도 마침내 빠지고 만다. 물 위를 걷더라도 땅 위와 같다고 생각하면 물을 밟더라도 걸어서 갈 수 있다는 뜻이다.

그러므로 이것은 땅인가 물인가를 완전히 잊은 사람만이 비로소 이 도리를 자신의 것으로 할 수 있다.

만일 이 자유를 얻는다면 모두 대지(大地)의 사람으로 달리 어찌하지 못한다는 것은 이와 같이 자유자재로 행동할 수 있는 병법가(兵法家: 達者)에게 모든 사람들이 모여서 어떻게 상대해 보려고 해도 어찌할 수 없다는 것이다.

모두 견줄 자가 없다는 것은 세상에 필적(匹敵)할 자가 없는 것으로 이른바 '천상천하유아독존(天上天下唯我獨尊)'이 되는 것이다.

위의 말은 "천지간에 자기가 가장 존귀하다"는 뜻이며, 석가모니께서 태어나자마자 사방 동서남북으로 일곱 발짝을 걸으면서, 오른손은 하늘을 가리키고, 왼손은 땅을 가리키며 하신 말씀이다.

4. 최고의 지위에 도달하기 위해서는

　이것(太阿)을 얻고자 욕심을 부린다면 '행주좌와(行住坐臥), 어리묵리(語裡默裡), 차리반리(茶裡飯裡)'의 공부를 게을리 하지 않으면 안된다.

　언제나 눈을 떠 터득하고, 터득하고 사라지면 또 터득하고, 또 나타나면 즉시 보아야 한다.

　여러 해가 지나 꽤 오래되어 자연암리(自然暗裡: 저절로 있었던 어둠 속)에 등(燈)을 얻는 것과 같이 무사(無師)의 지(智)를 얻고, 무작(無作)의 묘용(妙用 : 신묘한 작용)을 발하는 것이다.

　바로 그와 동시에, 그저 심상지중(尋常之中: 자연도리)을 표현하지 않고, 그리하여 심상지외(尋常之外: 자연상태)를 넘지 않는다. 이를 일러 태아(太阿)라 한다.

　이것(太阿)을 얻고자 욕심을 부린다면, 앞에서 언급한 '이것'이라는 의미는 태아(太阿)를 가리킨다. 앞에 언급하였듯이 자유자재로 행동하는 부분에 도달하고자 생각함을 말하는 것이다.

행주좌와(行住坐臥)는 '가는 것(행하는 것), 사는 것(머무는 것), 앉는 것(생활하는 것), 바닥에 눕는 것(쉬는 것)'의 인간의 일상적인 움직임 이 4가지를 가리키며, 이것을 사위의(四威儀)라고 한다. 사람이 살아가는 것의 일상적인 동작 가운데서도 '도(道)를 말하는 것'이다.

어리묵리(語裡默裡)는 '말을 하고 있는 가운데서도 어떠한 말도 하지 않는 가운데서도 도(道)를 말하는 것'이다.

차리반리(茶裡飯裡)는 '차를 마시는 가운데서도 밥을 먹는 동안에서 도(道)를 말하는 것'이다.

'공부를 게을리 하지 않고 언제나 눈을 떠 터득하고, 터득하고 사라지면 또 터득하고, 또 나타나면 즉시 보아야 한다'는 것은 방심(放心)하여 공부를 게을리 하지 않고 항상 자기자신과 마주하여 엄격하게 응시하고 그 도리(道理)를 추구하며, 그저 똑바로 좋은 것은 좋다고 하고 나쁜 것은 나쁘다고 하며, 저마다 이 도리(道理)를 찾고자 하는 것이다.

5. 태아라는 이름의 검(劍)

'여러 해가 지나고 꽤 오래되어 자연암리(自然暗裡)에 등(燈)을 얻는 것과 같이'는 -「이와 같이」하여 공부를 쌓아가면서 세월이 흐르면, 마치 어두운 밤에 갑자기 등불을 만나는 것과 같아 앞의 훌륭한 도리(道理)가 저절로 자신의 것이 되어졌다는 것을 의미한다.

'무사(無師)의 지(智)를 얻는다'는 것의 의미는 '스승도 가르쳐 주지 않는 근본의 지혜를 얻는다'는 것이며, '무작(無作)의 묘용(妙用)을 발한다'는 것은 무릇 어리석은 일반인은 모두 무언가를 의식하여 행하기 때문에 번뇌가 일어 고통을 받지만, 이 무작(無作)의 작용은 작위(作爲: 의식적으로 행한 인위적인 행위)하지 않고 자연스럽게 나오는 것으로 근본의 지혜로 행하기 때문에 매우 자연스럽고 편안한 것이다. 그래서 묘용(妙用: 신묘한 작용)이라 한다.

'그때'란 바로 이러한 때라는 말이다. 즉 무사(無師)의지(智)를 얻고 무작(無作)의 묘용(妙用)을 발하는 바로 「그때」를 말한다.

이는 다만 심상지중(尋常之中: 대수롭지 않고 예사로운 속내-자연도리)을 표현하지 않고, 그리하여 심상지외(尋常之外: 대수롭지 않고 예사로운 겉모습-자연상태)를 넘지 않는다는 이것을 말한다.

'애초에 무작의 묘용'이란 달리 특별한 부분에서 작용하는 것은 아니다. 그저 평소에 하고 있는 모든 동작·행동에서 작용에 이르기까지를 이것도 저것도 작위가 없는 것으로 완전히 변모한다는 것이다.

그러므로 평소의 당연한 행동과 작용을 벗어나서 다른 것을 하는 것은 아니지만 예사의 어리석은 사람이 평소에 행하고 있는 동작·행동과는 전혀 다르다. 같게 보이는 것이 있더라도 내용이 다르다는 것을 말한다. 이를 일러 태아(太阿)라 한다.

태아(太阿)는 천하에 견줄 데가 없는 중국의 명검(名劍)의 이름이다. 금철(金鐵)과 같은 강한 것에서 구슬과 돌과 같은 단단한 것까지 자유롭게 자를 수 있고, 이

칼을 방해하는 것은 이 세상에 없다.

　이 태아(太阿)의 명검(名劍)이 무엇이든 자를 수 있는 것과 마찬가지로 앞에 언급한 무작(無作)의 묘용(妙用)을 자신의 것으로 만든 사람에 대해서는 삼군(三軍)을 호령하는 원수(元帥)도, 백만의 강적도 도저히 당해 낼 수 없다. 그래서 이 '묘용의 힘'을 태아(太阿)라는 검(劍)으로 이름을 붙인 것이다.

　여기에서 태아(太阿: 泰阿)의 명검(名劍)은 전설의 검(劍)이 아니다. 중국의 초(楚)나라 제왕(帝王)의 명을 받은 신하가 월(越)나라 구야자(歐冶子)와 오(吳)나라 간장(幹將)을 찾아가 부탁해서 만든 명검(名劍)으로 야련(冶煉)·주조(鑄造)후 검으로 제작했더니 도신(刀身)에 저절로 태아(泰阿)라는 이름이 새겨졌다고 한다. 본문의 태아(太阿)는 비유로 쓰인 것이다.

6. 태아(太阿)라는 이검은 누구에게나 있다

이 태아(太阿)의 이검(利劍)은 사람들에게 구족(具足: 빠짐없이 갖춤)하고 저마다 원성(圓成: 원만하게 이룸)케 한다. 태아(太阿)를 밝히는 자에게는 천마(天魔: 사람이 착한 일을 행하거나 불법수행을 할 때 방해하는 마)도 이를 두려워하고, 이것에 미혹된 자—외도(外道: 사도:邪道)도 이를 무색(無色:無顔)케 한다.

혹은 '잘하고 잘한다'와 같이 봉망(鋒鋩:칼날과 서슬: 칼날의 날카로운 부분)을 서로 주고받고 승부를 결정짓지 않는 것은 세존염화(世尊拈華)·가섭미소(迦葉微笑)이며, 또 하나를 보고 셋을 분명히 아는 것과 같으니, 이것을 목기수량(目機銖兩: 눈대중으로 수와 양을 헤아리는 재치)이라 하고, 또 이를 심상지영리야(尋常之靈利也: 신령함도 예사로움이다)라 한다.

만약 이것을 요필(了畢: 깨달아 마침)하는 사람은 하나를 아직 얻지 않고 셋을 아직 분명히 하지 않는 이전에 빨리 끊어 삼단(三段: 병법의 자세, 곧 마음의 자세)으로 만든다. 하물며 안안상대(顔顔相對: 서로 얼굴을 대함)하는 것이랴.

'이 태아(太阿)의 이검(利劍)은 사람들에게 구족하고 저마다 원성케 한다'는 의미는 이 세상에 잘리지 않는 것이 없는 태아(太阿)의 명검은 타인의 바로 옆에 놓여 있는 것이 아니다. 인간은 누구라도 반드시 가지고 있고, 그것은 어느 사람에든 죄다 주어져 있다는 것이다.

'태아(太阿)의 이검(利劍)'이란 즉 마음(佛性)을 가리킨다. 이 마음은 인간이 태어나 살아있기 때문에 있고, 죽으면 소멸되는 그런 것이 아니다. 그러므로 본성(本性:佛性)이라 한다.

이 마음은 아무리 하늘이 넓다고 하나 덮어 감출 수 있는 것이 아니며, 지상에 쌓아 덮을 수도 없는 것이다. 불로 태우고자 해도 태울 수 없고, 물에 잠그더라도 젖게 할 수 없고, 바람이 세차게 불었다고 해서 날려 가는 것도 불가능한 것이다. 그러므로 세상에 이 마음(本性)을 저지할 수 있는 것은 없다.

7. 세존염화(世尊拈華)와 가섭미소(迦葉微笑)

　이(불성:佛性)를 밝히는 자-천마(天魔)도 이를 두려워하고, 이것에 미혹된 자-외도(外道)도 이를 무색케 한다. 이 본성(本性: 佛性)을 분명히 알고 자신의 것으로 체득한 자는 우주 속의 모든 것이 잘 보이기 때문에 그 눈을 차단하고 덮어 가릴 수 있는 것은 없다. 그러므로 하늘의 마신(魔神)이 신통력을 부리고자 해도 오히려 자신(魔神)의 속셈까지 알아차리기 때문에 이 사람을 두려워하고 경원(警遠: 경계하여 멀리함)하여 가까이 다가가지도 못한다.

　그것과 반대로 이 본성(本性: 佛性)에 눈을 뜨지 못하고 방황하는 자는 다양한 망상(妄想)을 가득 가지고 있기 때문에 그 망상에 사로 잡혀 있어서 사설(邪說)을 추종하는 자라도 간단하게 속일 수 있게 되는 것이다.

　혹은 '잘하고 잘한다'는 것과 같이 봉망(鋒鋩)을 서로 주고받고 승부를 결정짓지 않는 것은 만일 서로 본성을 알고 자신의 것으로 체득한 자끼리 만나서, 쌍방이 태아(太阿)의 검을 빼어 들고 봉(鋒: 칼날)과 망(鋩: 서슬, 날카로운 칼날 부분)을 주고받고 서로 칼부림할 때는 승부를 결정지을 수 없다.

그 때는 어떻게 되는가를 비유하는 바, 그것은 세존과 가섭과의 만남과 같은 것이라고 한다. 세존염화(世尊拈華)와 가섭미소(迦葉微笑)는 이와 같은 것이다.

세존께서 열반하시기 전 영축산(靈鷲山: 영취산)에서 한 송이 연꽃을 흔들어 팔만 대중에게 보였을 때, 대중은 모두 그 뜻을 알지 못하고 가만히 있었다. 다만 마하가섭(摩訶迦葉)만이 그 뜻을 이해하고 미소를 지었다고 한다. 이것을 염화미소(拈華微笑: 꽃을 집어들자 작은 웃음을 짓다)라고 줄여서 말한다. 또 이를 이심전심(以心傳心: 뜻이 서로 통하여 말을 하지 않아도 마음에서 마음으로 전해지는 것)·염화시중(拈華示衆)이라고도 한다. 또 달리 염화전심(拈華傳心)이라 한다.

세존께서 그것을 보시고 가섭이 깨달음을 얻었다고 알게 되었으며, 자신의 문자(文字)로 하지 않은 가르침,

곧 교외별전(敎外別傳: 부처님의 가르침을 말이나 글이 아닌 바로 마음에서 마음으로 전해져 진리를 깨닫게 하는 법)의 정법(正法: 부처님의 바른 교법)은 너의 것이라고 말씀하시며, 심인(心印: 말과 글이 아닌 마음으로 전하는 부처님의 내적 깨달음의 내용)을 전수하셨다고 한다.

오늘날 염화미소(拈華微笑)란 세존과 가섭 사이의 이심전심(以心傳心)을 나타낸 성어(成語: 관용어적인 뜻을 나타내는 언어형태)가 된 것이다.

8. 정법(正法)의 가르침

　정법(正法)은 인도(西天:天竺)에서는 28대 달마(達磨)[2])까지 전수되고, 당(唐)에서는 달마로부터 6대까지 전해진 바, 육조대사(六祖大師)[3]) 즉 대감선사(大鑑禪師)에 이른다.

　이 선사는 살아 있는 보살로 나타났으므로 그 후 당(唐)에서 불법이 더욱 더 번성하게 되었고, 지엽이 확대·발달하여 오가칠종(五家七宗)이라는 7개의 파가 생

---

2) 달마(보리달마: 菩提達磨 – 원각대사:圓覺大師, ?~528?) : 인도의 바라문가문에 태어났다고 한다. 520년 무렵에 중국(북위:北魏)로 들어와 각지에서 선(禪)을 설법하였다. 중국·일본의 선종의 개조이다. 면벽 9년 동안 좌선의 전설을 비롯하여 많은 전설이 있다.

3) 육조대사(혜능:慧能 – 대감선사 638~713) : 중국 선(禪)의 오조 홍인(五祖弘忍)의 문하이다. 신수(神秀)와 혜능(慧能)에 이르러 북방선(北方禪)과 남방선(南方禪)의 두 가지 계통으로 나뉜다. 후세에 발전한 것은 혜능의 남방선 계통이다. 혜능의 유록(遺錄)은 육조단경(六祖檀經)으로 불린다.

졌다.

오가칠종(五家七宗)은 중국불교의 분파를 이른다. 오가(五家)는 ① 위앙종(潙仰宗) ② 임제종(臨濟宗) ③ 조동종(曹洞宗) ④ 운문종(雲門宗) ⑤ 법안종(法眼宗)이며, 다시 임제종에서 분파한 ⑥ 황룡파(黃龍派)와 ⑦ 양기파(陽岐派)를 합하여 일곱 종파(宗派)가 된 것이다.

그 후 허당지우(虛堂智愚)[4]로부터 일본의 대응국사(大應國師)[5], 대등국사(大燈國師)[6]로 전해져 오늘에 이

---

[4] 허당지우(虛堂智愚, 1185~1269) : 남송의 임제종(臨濟宗)의 승려이다.「연년시호년 일일시호일(年年是好年 日日是好日) - 해마다 좋은 해 되고, 날마다 좋은 날 되소서」는 새해 첫날 법상에 올라 하신 허당지우 선사의 말씀이다.

[5] 대응국사(大應國師: 남포소명:南浦紹明, 1234-1308) = 쑨까(駿河: 오늘날 시즈오카의 중앙) 사람으로 임제종의 승려이다. 송(宋)나라로 건너가 9년간 유학하며 허당지우에게 배우고 귀국 후 순선(純禪)을 설법하고 임제종 부흥의 기초를 열었다. 귀국 때 다도서적「다당청규(茶堂淸規)」3권을 가져와 일본 다도정신인 화경청적(和敬淸寂)을 전수했다.

송나라 백운수단선사(白雲守端禪師, 1025~1072)가 다선도량을 오조산(五祖山)에 창설하고, 그의 제자 원보장로(元甫長老), 즉 유원보(劉元甫)가 화경청적을 다도제문(茶道諸門: 다도의 요긴한 관문)이라고 정하고 다도회를 조직한 것이 화경청적의 기

르기까지 끊이지 않고 스승에서 제자에게로 정법(正法)이 전해지고 있다.

염화미소(拈華微笑)의 가르침은 좀처럼 도달하기 어려운 것으로 깔끔하게 추찰(推察)하여 이해할 수 있는 것이 아니다. 모든 부처도 놀라서 가만히 있을 정도이다.

그러므로 이 도리는 표현할 수 없지만 억지로 비유해서 말하면 그릇 속의 물(水)을 다른 물(水)이 들어 있는 그릇으로 옮겼을 때 물과 물이 섞여서 구별할 수 없게

원이 된 것이다.
① 和: 일체의 형상과 마음이 화합하는 것
② 敬: 일체의 존재를 공경하는 것
③ 淸: 자신의 내면과 외부의 모든 더러움을 깨끗이 하는 것
④ 寂: 마음의 번뇌가 없고 몸에 괴로움이 없는 해탈·선정의 상태에 이르는 것

6) 대등국사(大燈國師: 종봉묘초: 宗峰妙超, 1282~1337) : 파마(播磨: 오늘날 효고현 남쪽)의 사람으로 임제종의 승려로 대응국사의 뒤를 계승했다. 적송원(赤松圓)은 그의 덕을 좇아서 대덕사(大德寺)를 개사하여 대덕사파의 시조가 되었으며, 묵적(墨跡)·시게(詩偈)가 유명하다.

되는 것과 같이 세존(世尊)과 가섭(迦葉)의 안목(眼目: 사물의 좋고 나쁨, 또는 진위나 가치를 분별하는 능력)이 같았다는 것이다. 갑을(甲乙)이라는 차이 따위가 전혀 없다는 것이다.

어떠한 병법가(兵法家)라도 이 염화미소의 마음을 자신의 것으로 만든 자는 10만명 중에 한 사람도 없다. 만일 엄청난 의지를 가진 자가 있어 어떻게든 이것을 자신의 것으로 만들고자 한다면 지금부터 30년 아니 그 이상 수행(修行)해야 한다.

이 수행을 잘못되게 수련(修鍊)해서는 병법의 달인(達人)이 되지 않을 뿐만 아니라 지옥(地獄)으로 떨어지는 것은 불을 보듯이 뻔하다. 두려운 일인 것은 분명하다.

9. 대사인연(大事因緣)을 마침내 깨달은 자

또 하나를 들어 셋을 분명히 아는 것(擧一明三)은 하나를 아는 것으로써 곧바로 셋을 분명히 깨닫는 것이다.

목기수량(目機銖兩)의 '목기(目機)'란 즉 눈 속의 기(機)를 말하는 것으로 '눈대중'을 의미한다. 목기수량은 저울눈을 보지않아도 짐작으로 무게를 아는 것이다. 또 수(銖: 저울눈 수)는 본래 저울 눈금으로 일분(一分: 일푼)의 무게를 나타내는 글자이다. 수(銖)는 십사(十絲), 냥(兩)은 십수(十銖)로 나뉜 십분(十分) 단위이다.

즉 아무리 많은 금은이라도 눈대중으로 측량해도 일수일냥(一銖一兩)이 조금도 틀림이 없다는 것이다.

'황차(況且: 하물며)'의 의미는 그 만큼 현명하고 똑똑한 사람이라는 것이다.

이 심상지영리야(尋常之靈利也)란 이것은 흔히 일반인

에게 흔한 신령한 성질로 특별한 것이 아니라는 것이다. 만약 이것을 요필(了畢: 깨달아 마침)하는 사람은 하나를 아직 얻지 않고 셋을 아직 분명히 알지 않는 이전에 있어서 빨리빨리 끊어 삼단(三段: 병법의 자세, 곧 마음의 자세)으로 만든다는 것이다.

불법(佛法)의 대사인연(大事因緣: 극히 중요한 인연: 佛道)을 마침내 깨달은 자는 하나도 얻지 않고, 물론 아직 셋을 분명히 알지 않은 아직 무엇이든 그야말로 일말(一抹, 조금)의 징후도 보이기 전에 재빨리 끊어 삼단(三段: 병법의 자세, 곧 마음의 자세)으로 하였기 때문에 이러한 사람을 만나면 아무리 발버둥쳐도 어쩔 수 없다는 것을 말한다.

하물며 안안상대(顔顔相對)한다는 것을 말하랴. 이러한 빠른 기술을 해내는 사람이 타인과 얼굴을 마주한다면 너무나도 치기 쉬워 상대는 목이 잘린 것도 모를 정도의 손재주를 말한다.

10. 교외별전(敎外別傳)의 법(法)이란

　이와 같은 사람은 마침내 봉망(鋒鋩: 칼날과 서슬: 칼날의 날카로운 부분)을 노출하지 않는다. 그 질야(疾也: 매우 급함)의 전광(電光)도 통하지 않고, 이 단야(短也: 아주 짧음)의 급풍(急風)도 미치지 않는다. 이러한 수단도 없고 결국 염(拈: 집을염, '점'자로도 읽음)에 각착(却着: 집착)하고 의(擬: 추측)에 각착하면, 즉 봉(鋒: 칼날)에 상처를 받아 손(手)을 상하므로 호수(好手: 적수: 敵手, 라이벌)가 되기에는 부족하다.

　정식(情識: 마음으로 앎)으로 복도(卜度: 점을 치는 것)하는 것도 없다. 언어로 전해야 하는 부분도 없고, 법양(法樣:法相: 설법하는 교법)에 배워야 하는 곳도 없다. 교외별전(敎外別傳)의 법(法)이란 이런 것이다.

　'이와 같은 사람, 마침내 봉망(鋒鋩)을 노출하지 않는다'는 의미는 이러한 명인(名人)은 처음부터 큰 칼을 뽑지 않는다는 것이다.

'그 질야(疾也) 전광도 통하지 않고, 이 단야(短也) 급풍도 미치지 않는다'의 의미는 그 빠르기가 방금 보았다고 생각하면 벌써 사라진다. 저 전광(電光: 번개불빛)조차도 그 솜씨 속을 통할 수는 없다. 그 짧음은 사석(沙石: 모래와 돌)을 날려 버리는 폭풍이라도 도저히 미치지 못한다는 것이다.

이러한 수단도 없고 마침내 '염(拈: 집음)에 각착하고 의(擬: 추측)에 각착하면'의 의미는 이러한 방법이 없으므로 순간이라도 큰 칼을 휘두르는 것에 집착하거나 마음을 두어야 할 곳에 집착하는 것을 뜻한다. 그렇게 되면 '봉(鋒: 칼날)에 상처를 받아 손(手)을 상하여 호수(好手)가 되기에 부족하다'는 의미이다.

그렇다면 반드시 다치(太刀)의 칼날을 꺾어버리거나 자신의 손을 잘라 버려야만 하는, 결코 능숙한 사람이라고는 할 수 없다는 것을 말한다.

'정식(情識)으로 복도(卜度)하는 것이 없다'는 의미는 정식(情識)은 마음 속의 인식분별이다. 복도(卜度)는 점을 치는 것이다. 말하고 있는 의미는 아무리 마음의 지식으로 점(卜)을 치더라도 아무런 도움이 되지 않는다는 것이며, 즉 점을 치려는 분별에서 멀어져 허심(虛心)으로 된다는 것이다.

'언어(言語)로 전해야 하는 부분도 없고, 법양(法樣: 法相)에 배워야 하는 곳도 없다'의 의미는 이 진실의 병법(敎法)은 말로서 전달하는 것이 불가능하고, 또 방법으로서도 이렇게 하여 방어하고 어디를 쳐라 따위와 같이 가르칠 수 없다는 것을 말한다.

교외별전(敎外別傳)의 법(法)이란 바로 이런 것이다. 그와 같이 말과 문장으로도 전할 수 없고 몸짓으로도 가르칠 수 없는 것이기 때문에 교외별전(敎外別傳)의 법(法)이라고 한다.

교외별전(敎外別傳)이란 스승의 가르침 외에 자기 자신이 깨닫고 창조한 자신의 것이 없으면 안 된다는 것을 말한다.

11. 최고의 경지를 자신의 것으로 만들라

　대용현전(大用現前: 큰 작용이 눈앞에 나타남)하면 규칙이 존재하지 않는다. 순행(順行)・역행(逆行)・천측(天測: 하늘의 헤아림)도 없다. 이것은 십마(什麼)7)의 도리이다.

---

7) 십마(什麼): 임마(恁麼): '이와 같이'의 뜻으로「그것・무엇・어떠한」의 의미이다. 형태와 이름을 무엇이라고 한정할 수 없는 진리 자체를 가르치는 환어(歡語: 정답고 즐겁게 이야기 하는 것)로 쓴 것이다.

* 십마(十魔): 불도수행을 방해하는 10가지 마(魔)의 속성을 참고로 적는다. 위의 '십마'와는 뜻이 다르다. ① 번뇌마(煩惱魔: 마음을 어지럽히는 탐・진・치 따위 장애마), ② 오온마(五蘊魔:五陰魔: 色・愛・想・行・識), ③사마(死魔: 목숨을 빼앗아가는 마), ④ 천마(天魔: 欲界第六天 魔王波旬), ⑤ 심마(心魔: 이기심 따위로 마음을 어지럽히는 마), ⑥ 업마(業魔: 나쁜 버릇 따위로 악업을 짓게 하는 마), ⑦ 삼매마(三昧魔:執着魔: 집착에 빠지게 하는 마), ⑧ 선근마(善根魔: 선행을 하는 자부심・자만심을 갖게 하여 교만에 빠지게 하는 마), ⑨ 선지식마(善知識魔: 자기만 알려고 하는 지식집착마), ⑩ 보리법지마(苦提法智魔: 수행중 얻은 깨달음을 다 이루었다고 착각하게 하는 마)

옛사람이 말하길 집에 백택(白澤)[8]의 그림도 없고, 그와 같은 요괴도 없다. 만약 사람이 연득(鍊得)하여 이 도리에 이르면 한 자루 검(劍)으로 천하를 평정한다. 이를 배우는 자 경홀(輕忽: 경솔)하지 말지어다.

'대용현전(大用現前)하면 규칙이 존재하지 않는다'의 의미로 앞에 언급한 교외별전(敎外別傳)의 법에 버금가는 대용(大用: 큰 작용)이 눈앞에 나타난다면 자유자재(自由自在)의 작용이 가능하기 때문에 규칙 따위 없는 것과 마찬가지라는 의미이다.

이 대용(大用)이란 세계 가운데 구석에서 구석까지 어디나 할 것 없이 다다르게 할 수 있고, 조금의 실수도 하지 않기 때문에 대용(大用)이라 부른다. .

규칙이란 규제를 의미한다. 해서는 안 되는 것, 규범 등을 표시하여 하나의 틀에 맞추고자 하는 규칙은 대용현전(大用現前)에서는 존재하지 않게 된다.

'순행·역행·천측지무(天測之無)'의 의미는 대용을

---

8) 백택(白澤): 중국에서 덕이 있는 임금의 치세에 나타난다고 하는 상상의 신령한 동물로 왕실 제군(諸君)의 흉배·의장기 따위 문양으로 쓰인다.

현실에 자신의 것으로 만든 사람은 순서에 따라서 행하거나 반대로 행하더라도 완전히 자유자재로 이것을 방해하는 것이 없다. 이것은 이를테면 하늘(天)이라도 알(知) 수 없다는 것을 말한다.

'이것'-십마(什摩)의 도리라는 것은 "이것은 어떠한 도리일까요"하고 사람에게 강하게 묻는 말이다.

옛 사람이 말하길 '집에 백택(白澤)의 그림도 없고 이와 같은 요괴(妖怪)도 없다'의 의미는 이것은 앞의 질문에 대한 답이다. 백택(白澤)이란 것, 몸은 소(牛)이고 목이 사람과 닮았다고 하며, 정말로 기분이 나쁜 중국 당(唐)나라의 상상 속의 동물이다. 꿈을 먹는다거나 신(神)의 허물·불행을 먹는다고 하여 당나라에서는 이 그림을 그려서 문에 붙이거나 집 기둥에 붙인다. 즉 백택(白澤)의 그림을 붙이는 것은 집에 드리운 재난을 피하고자 하는 방책의 부적(符籍)이다.

하지만 원래 미신(迷信)을 믿지 않고 천벌(天罰) 등을 생각조차 않는 사람은 백택(白澤)의 그림을 그려서 문에 붙이려고 생각하지 않는다.

순서가 반대라도 자유자재로 이용할 수 있는 자는 하늘조차 그 심중을 추찰(推察)할 수 없기 때문에, 모든 고통에서도 즐거움에서도 초월하고 재화(災禍)를 입을 일도 없으므로 백택(白澤)의 그림에 의지할 필요도 없으며, 그 도달한 곳은 완전히 훌륭하게 철저히 하고 있다는 것을 말하고 있는 것이다.

만약 '사람이 연득(鍊得)하여 이 도리에 이르면 일검(一劍)으로도 천하를 평정한다'의 의미는 만일 이와 같이 수행(修行)을 쌓듯이, 순수한 금속(金屬)을 수 없이 단련하여 명검(名劍)으로 완성하듯이 도리를 자세히 알고 있는 사람이라면 한(漢)나라 고조(高祖)가 검(劍) 한 자루로 천하를 평정한 일처럼 가능하다는 것이다.

'이를 배우는 자 경홀(輕忽: 경솔)히 여기지 말지어다'의 의미는 이 검(劍)의 묘리(妙理)를 배우려는 자는 그렇게 간단하고 조잡한 생각을 하지 말고, 정신을 높고 아름답게 가지도록 노력하여 뛰어난 공부를 쌓는데 잠시라도 게을리하지 말라는 것이다.

추기(追記)

'타쿠앙(澤庵)의 현대적 의미'는 이케다 사토시(池田 諭)가 건강했을 때 저술한 마지막 책이었다고 생각한다. 이 원고를 건네주고 얼마 후 쓰러졌기 때문이다.

완성된 '부동지신묘록(不動智神妙錄)'이 도착했을 때 이케다(池田 諭)는 다시 일어날 가능성은 70%, 다시 일을 할 가능성 30%로서 전신불수에 가까운 몸으로 병실에 누워있었다.

운 좋게도 5개월 후 병원에서 퇴원하여 4년 동안에 4권의 책을 더 저술한 후, 그는 그 다음 해에 황망히 세상을 떠났다. 그 동안 불편한 우측 손은 원고를 쓰는 데만 사용하였다. 말 그대로 자신을 꿋꿋이 산 생애였다.

젊을 때부터 타쿠앙(澤庵)에 착안한 그가 이 한 권의 책을 쓸 기회를 주었던 것에 깊은 감사와 존경을 표한다.

1976년 10월 22일
이케다 유우코(池田裕子) 적음

편역자 소개

▷ 현 대구보건대학교 스포츠건강관리학과 교수
  - 대구광역시 우슈쿵푸협회 부회장
  - 대구광역시 스쿼시연맹 이사
  - 대구광역시 보디빌딩협회 감사
  - 대구광역시 합기도 고단자회 회장
  - 대구광역시 체육회 인사위원
  - 한국 운동재활학회 이사

▷ 경기단체 임원 및 경기지도자 경력
  - 한국 장애인수영연맹 부회장 (전)
  - 대구광역시 장애인 수영연맹 상임 부회장 (전)
  - 대구광역시 장애인체육회 자문위원 (전)
  - 대구광역시 보디빌딩협회 이사 (전)
  - 제88회~제92회 대구광역시 선수단 스쿼시 감독
  - 제93회~제94회(2013년) 전국체육대회 대구광역시 선수단 우슈 남자 일반부 감독
  - 제93회~제94회(2013년) 전국 동계체육대회 대구광역시 선수단 컬링 여자 일반부 감독

▷ 2012년 대구보건대학교 최우수 강의상(Best Teacher Award)

▷ 저서·논문 발표
  - 『스포츠센터 경영론』, 『무도학 강론』 외 다수
  - 『오륜서(五輪書)에 나타난 미야모토 무사시(宮本武藏)의 검도기법과 심법론의 현대적 의미 탐색』 외 다수

▷ 국제 학술지 발표 논문
  - The effect of Tai Chi exercise on the cognitive and physical function in older Adults, International Journal of content Technology and its Applications, Volume 7, Number 12, Aug 31, 2013. p239~255. (ISSN : 1975-9339(Print), 2233-9310(Online)

자기경영의 길을 찾다
타쿠앙 선사의
부동지신묘록(不動智神妙錄)

2013년 10월 17일 인쇄
2013년 10월 22일 발행

원저자 : 타쿠앙 소호
편역자 : 김　우　철
발행자 : 장　세　진
발행소 : 학　사　원

대구광역시 중구 서문로2가 38-3번지
전화 : (053) 253-6967, 254-6758,
FAX : (053) 253-9420
등록 : 1975년 11월 17일 (라120호)

□ 무단복제 엄금　　　　　　　　정가 **15,000원**
ISBN 978-89-8223-085-1　93220